独占禁止法の新たな地平Ⅲ

国際標準の競争法制へ

Murakami Masahiro

村上政博

弘文堂

はじめに

　本書は、『独占禁止法の新たな地平──国際標準の競争法制へ』『独占禁止法の新たな地平Ⅱ──国際標準の競争法制へ』に続くものである。

　2020年12月の『独占禁止法の新たな地平Ⅱ』の刊行時点では、解釈論においてまだかなり主張すべき論点が残っていた。ところが、この3年間で、国際商事法務およびNBLの連載論文掲載と、『条解独占禁止法〔第2版〕』、『独占禁止法〔第10版〕』、『独占禁止法の実務手続』の刊行が続き、ほぼすべての論点について自己の主張を述べることができた。

　そこで、本書の読者は『独占禁止法〔第10版〕』等も読んでいることが多いと想定されるため、同じ主張を繰り返すことを避け、現在でも未解決の論点ごとにできる限り簡潔かつ率直に自己の主張を解説した。

　本書をもって、74歳で独占禁止法についての私の体系論や解釈論をすべて書き終えた。もちろん、次の改正課題が実現して、国際標準の競争法制となるためにさらに時間がかかるが、研究者としては満足すべき成果といわなければならない。何よりも、次の世代には、国際標準のきれいな競争法を残すべきであろう。

　また、本書は、一橋大学退官時（63歳）には、78歳、79歳ごろに刊行を予定していた内容のものとなる。退官時には、解釈論の展開が進んでいないことが悩みの種であり、自説が受け入れるまでにはかなり長い期間がかかることを覚悟していた。この点については、『独占禁止法の新たな地平Ⅱ』刊行時から本書刊行までに国際標準の競争法に向けての解釈論の展開がかなり進んだ。

　本書の刊行にまで辿り着くと、独占禁止法、競争法の研究者として、今後の仕事は、法改正については本書で主張した内容を速やかに実現すべきこと、新たな判例については本書で記述した方針に沿って評釈することになり、これから先の仕事は極めて簡単なものとなる。もっとも、これまでも絶えず想定外の出来事は生じているため、本当にひと仕事を終えたという満足感を得ることができるかは定かでないが。ともあれ、5年後、10年後に本書で記載した私の主

張・持論がどこまで実現しているかなどは改めて解説するまでもなく誰の目にも明らかになっているのであろう。

　本書も、弘文堂の北川陽子さんのお世話になった。短期間に数多くの著書を刊行できたからこそ、ここまでこられたのであって心から御礼を申し上げたい。

　2023（令和5）年8月

村上　政博

本書の構成とその要点

　第1章から第5章までが、次回の改正課題である行政制裁金の制度設計と不公正な取引方法の再構築に関するものである。国際標準の競争法制に向けての最終目標については『独占禁止法の新たな地平II』（弘文堂・2022年）等ですでに解説している。本書では具体的な制度設計を論じて、最終的な姿を明らかにするところに意義がある。

　第1章が総括論文となる。第1章を読んでもらうと全体のできあがりの姿を鳥瞰することができる。

　第2章は、行政制裁金の制度設計についてより詳しく解説する。

　第3章は、不公正な取引方法の再構築である自由競争減殺型の不公正な取引方法を廃止し、不公正な取引方法の禁止を日本固有の規制とすることについて、その波及的効果を含めて解説する。

　第4章は、ガイドラインの全面的再編成について解説する。ガイドラインの全面的再編成に関しては、3条違反行為に対する行政制裁金制度が実現しないと国際標準の競争法への体系化が実現せず、自由競争減殺型の不公正な取引方法が廃止されないと明快な内容のガイドラインは作成できない。このように双方の改正課題に関連するため章を独立させた。

　第5章は、事業者団体規制は、独立したテーマかつ改正課題であるため、本章を設けた。

　第6章は、不要な規制および規定の廃止について、かねてから主張してきた改正課題であるが、この機会にまとめて再度取り上げている。

　第7章では、現行法の解釈問題について、不当な取引制限およびカルテルの禁止、排除型私的独占と支配型私的独占を含む私的独占の禁止、優越的地位の濫用規制、協同組合の活動規制についてあるべき解釈を取りまとめている。なかでも、協同組合の活動に対する独占禁止法上の適用除外の内容は直ちに実現することが望ましい。

　これら論点は、次回改正により自動的に決着がつくとともに、それ以前にも

判例変更によって解決することが望ましいものである。むしろ、早めに判例変更で実現すると次回の法改正を促進する。

　また、積極的行為命令については、私の世代では解決できず、次の世代に残すことになる可能性が高いが、基本的に現行法の解釈問題であるため、排除措置に関する長期的課題としてここで解説する。

　私は、いよいよ人生を総括する時期を迎えている。第8章では、『独占禁止法の新たな地平』等の最後でも触れた職業生活や社会的活動について、ここで、やや詳しくかつ包括的に取りまとめている。

目　　次

第 **1** 章

独占禁止法の次の改正課題

I　独占禁止法の次回改正と国際標準の競争法制の実現

　独占禁止法を国際標準の競争法制にするという課題については、最終段階にきている。

　法改正により、3条違反行為を対象とし、「上限金額まで課すことができる」という規定方式の行政制裁金の枠組みを導入することと同時に、自由競争減殺型の不公正な取引方法をすべて廃止して、不公正な取引方法は優越的地位の濫用と不正競争行為から成る日本固有の規制とすることである。行政制裁金制度の実現は、実体法の改正と連動するため、この2つは同時に行うことが相当である。

　法改正、立法政策論であるため、選択肢は多いが、本章では一番有力な改正案に基づき、できる限り改正内容とその意義を簡明に解説する。

II　行政制裁金制度

1　基本制度設計

（1）　3条違反行為に係る課徴金制度　　行政制裁金の対象行為は、事後規制である単独行為規制と共同行為規制に該当する行為である。独占禁止法では、3条違反行為となる。3条違反行為に、共同の取引拒絶および垂直的制限も含まれる。

　課徴金額を決定する主たる判断要素は、行為の性質（行為類型）、重大度（競

争制限効果の程度）、有責性、調査協力の4つである。

　基本的な課徴金額の算定方法は、制裁金額＝基礎金額×基本算定率（＝基本金額）×有責性・調査協力による加減率である。基礎金額は、通常、違反対象商品売上額をいう。基本金額は、基礎金額に基本算定率を乗じた金額をいう。

　課徴金額は、違反事実を確定した審査終了時（命令内容決定時）に決定される。

　規定内容としては「公取委は、3条違反のうち、カルテルを行った者に対して、当該違反事業者の前年度違反対象商品売上額に想定継続期間（確定数値）および20%を乗じた金額の範囲内で、また、カルテル以外の違反行為を行った者に、当該違反事業者の前年度違反対象商品売上額に想定継続期間（確定数値）および6%を乗じた金額の範囲内で、違反行為の性質、違反の重大度、有責性、調査協力などを勘案して、課徴金を課すことができる。」が一番有力である。上限金額を現行課徴金の上限金額と一致させるため経済界等にとっても受け入れやすい。

　想定継続期間は、継続期間が最長10年間であるため、10までの数値から選択される。現在、カルテルの平均実行期間は5年程度であるとされているため、この数値は5となる可能性が大きい。当該事業者の当該商品売上額は連結ベースの企業グループ（経営体）単位で算出する。

　この場合、カルテルとは、当然違法型の水平的制限をいい、価格協定（価格引上げ協定、価格維持協定）、数量制限協定、市場分割協定をいう。受注調整（受注予定者の決定等）は、民間調達における受注調整、公共調達における入札談合とも価格協定に含まれる[*1]。

　上限金額等を法律で規定し、課徴金額算定方法と課徴金減免制度は公取委規則等で定める。この場合、カルテルとカルテル以外の3条違反行為に大別して、カルテルについての課徴金額算定方法と課徴金減免制度は詳細に規定される。

（2）　現行課徴金制度との関係　　優越的地位の濫用規制の本質は民事上の規制であるため、優越的地位の濫用に係る課徴金は廃止される。

　支配型私的独占に係る現行課徴金は「他の事業者にカルテルをさせる行為」を対象として、基本算定率が10%であるが、「他の事業者にカルテルをさせる

[*1]　村上政博「価格協定と入札談合に係る同一ルール——平成元年改正後におけるカルテル規制」国際商事法務51巻6号（2023年）810頁。

行為」は不当な取引制限を適用することが相当であり、支配型私的独占規制は搾取型単独行為規制と位置付けられる。そのうえで、支配型私的独占に係る課徴金の基本算定率は、排除型私的独占に係る課徴金の基本算定率（上限算定率）と同様に 6 % とする。

　事業者団体の活動に係る現行課徴金は、事業者団体の違反行為についてその構成事業者に課徴金納付を命じるものであり、違反事業者とその責任を負う納付義務者を一致させる行政制裁金制度の趣旨に合致しないため廃止する。

　2 条 9 項 1 号に係る課徴金、2 条 9 項 2 号に係る課徴金、2 条 9 項 3 号に係る課徴金、2 条 9 項 4 号に係る課徴金は、すべて廃止される。もともと同一行為が 10 年間に 2 回行われた場合に課せられることになっているため、存在価値のない制度であった。共同の取引拒絶、垂直的価格制限については、不当な取引制限に該当し、重大な競争制限効果をもたらすものに課徴金を課すものとする。

2　課徴金額算定方法および減免制度

　課徴金額算定方法および課徴金減免制度は、公取委規則等で規定される。

　基礎金額である違反対象商品売上額については、簡略化した売上額・みなし売上額を用いる。前事業年度の当該商品売上額×継続期間を用いて、継続期間は、現実の継続期間について切り捨て方式で算出した、年間または半年単位の期間を用いる。

　カルテルについては、原則として、基本算定率 10 % を適用する。

　制裁金額は基本金額に有責性、調査協力による加減率を乗じて算出する。例えば、主導的役割による 50 % 加算、調査協力による 30 % 減算の場合には、基本金額に（1+0.5）×（1−0.3）を乗じる。

　カルテルに適用される有責性、調査協力による加減算は、できる限り現行制度を維持するものとして以下のようにする。

　有責性による加算率については、現行課徴金制度における、繰り返し違反、調査妨害で 0.5、主導的役割で 0.5、双方で 1.0 を維持する。

　調査協力による減算率については、報告順位と調査協力の度合いによって決定する。

調査協力による減算率決定における想定ルールとしては、①調査開始日前第1順位申請者は全額を免除する、②調査開始日前第2順位以下の申請者は、上限減算率60％〜下限減算率20％の範囲内で、最終減算率を決定する、③調査開始日後の最大3社（調査開始日前を含め最大5社）までの申請者は、上限減算率30％〜下限減算率10％の範囲内で、最終減算率を決定する、④調査開始日後のその他の申請者は、上限減算率25％〜下限減算率5％の範囲内で、最終減算率を決定するものとする。また、減免申請時期は審査終了時まで可能とする。

加減率については、違反事実が確定したカルテル調査終了時に、競争当局が専門的判断に基づき決定する。

カルテル以外の3条違反行為については、課徴金を課す場合に、基本算定率を行為の重大度に応じて、2％、4％、6％のうちから選択する。

カルテル以外の3条違反行為についての調査協力による加減算は、事案に応じて適宜適用する[2]。

3　刑事罰との関係

刑事罰についての両罰規定は現行どおり維持する。重大なカルテル事件についての刑事罰を科す手続については、現行の手続・実務を維持する。

刑事罰が科せられる事業者への課徴金額は、当該事業者に科される刑事罰金額を考慮して決定するものになるため、現行半額控除制は廃止する[3]。

4　改正の意義

行政制裁金制度がなくては、単独行為規制も垂直的価格制限を含む共同行為規制も、適切に（効率的に）執行（エンフォース）できない。

行政制裁金は、課すか否か、重大度に応じていくらの制裁金を課すのかを公取委が違反抑止の観点から決定する。

単独行為については、課徴金を課す場合に、重大度に応じて、2％、4％、

---

[2]　行政制裁金制度の具体的制度設計については、村上政博「行政制裁金制度の基本制度設計」国際商事法務50巻10号（2022年）1308頁。

[3]　村上政博「行政制裁金制度と二重処罰の禁止問題の解消」国際商事法務50巻11号（2022年）1465頁。

6％のうちから基本算定率を選択する。

　カルテルについては、特別な事情のある場合には全く課さないこともできる。また、特定の違反事業者に対してのみ排除措置、課徴金納付を命じることができる。すなわち、すべての違反事業者に課徴金を課す必要はなく、違反抑止の観点から首謀者に対しのみ高額な課徴金を課すことができる。

　垂直的価格制限、共同の取引拒絶（販売、購入を問わず）については、重大度の高い行為に対して、その重大度の度合いに応じて妥当な金額の課徴金を課すことができる。

　垂直的価格制限についてメーカー・販売業者間の取決めが不当な取引制限の相互拘束に該当する、すなわち、メーカー・販売業者が違反事業者に当たるとしても、競争状態を回復するという観点から、メーカーに対して排除措置を命じて、違反抑止の観点から必要に応じて課徴金納付を命じることができる。再販売価格維持の実効性確保手段も排除措置の内容となる。国際的な垂直的制限規制の実務を採用することを意味する。

　垂直的価格制限に不当な取引制限に該当すると法適用することは、法改正は不要で、公取委の判断で実行できる*4。

　適正手続の保障については、現在行政制裁金制度の創設と見合いになっている、供述録取への弁護士立会いと弁護士顧客間の通信文書の秘匿特権も、行政制裁金制度の導入に伴い３条違反行為の行政調査について現行法の運用として認める。

Ⅲ　不公正な取引方法の再構築

1　自由競争減殺型の不公正な取引方法の廃止

（1）　**基本的改正事項──不公正な取引方法の解体**　　不公正な取引方法の禁止については、自由競争減殺型の不公正な取引方法の禁止行為を廃止して、不公正な取引方法を自由競争基盤侵害型の不公正な取引方法（優越的地位の濫用）および不公正な競争手段型の不公正な取引方法（不正競争行為）から成る日本

---

*4　再販売価格維持行為について公取委が不当な取引制限を適用すればよいだけである。不公正な取引方法の再販売価格の拘束、拘束条件付取引は欠陥のある禁止行為である。

固有の規制とする。

　供給に係る共同の取引拒絶、法定差別対価、法定不当廉売、再販売価格の拘束、購入に係る共同の取引拒絶、その他の取引拒絶、差別対価、取引条件等の差別取扱い、事業者団体における差別取扱い等、不当廉売、不当高価購入、抱き合わせ販売等、排他条件付取引、拘束条件付取引はすべて廃止する。

　不公正な競争手段型の不公正な取引方法（不正競争行為）では、制定以来一度も適用されたことのない競争会社に対する内部干渉は廃止する。自由競争基盤侵害型の不公正な取引方法では、時代錯誤的な禁止行為である取引の相手方の役員選任への不当干渉は廃止する（ここまでをまとめて不公正な取引方法の解体という）。

　日本固有の規制として、優越的地位の濫用と不正競争行為が禁止行為として規定される。不正競争行為は、現行判例法上不正競争行為とされている競争者に対する取引妨害、購入強制型抱き合わせ、小売段階の不当廉売が禁止規定として規定される。優越的地位の濫用および競争者に対する取引妨害は、現行禁止行為がそのまま規定されるが、購入強制型抱き合わせ、小売段階における不当廉売については対象行為に合致するように禁止行為を変更することが考えられる[5]。

　この法改正により、自由競争減殺型の不公正な取引方法についての不正競争法的運用（法適用）は、完全になくなる。

（2）　不公正な取引方法の規定方法　　自由競争基盤侵害型の不公正な取引方法である優越的地位の濫用および不公正な競争手段型の不公正な取引方法である不正競争行為は、告示による指定方式により禁止行為として定める。

　2009年改正前の法制のように、旧2条7項および旧一般指定と同様な法形式を採用する。その場合、新一般指定で定める禁止行為に合わせて、例えば、旧2条7項については、「この法律において不公正な取引方法とは、左の各号の一に該当する行為であって、公正な競争を阻害するおそれがあるもののうち、公正取引委員会が指定するものをいう。

　一　不当な対価をもって取引すること。

---

[5]　同時に、差止請求権は3条違反行為および改正後の不公正な取引方法を対象とすることに法改正する必要がある。

二　不当に競争者の顧客を自己と取引するように誘引、または強制すること。

三　自己の取引上の地位を不当に利用して相手方と取引すること。

四　自己又は自己が株主若しくは役員である会社と国内において競争関係にある他の事業者とその取引の相手方との取引を不当に妨害すること。」

と規定する*6。

2　他の禁止規定に組み込まれた不公正な取引方法の禁止の廃止

第4章の企業結合規制に関する禁止規定における「不公正な取引方法を用いる場合」、6条の「不公正な取引方法に該当する事項を内容とする」国際的契約等、8条5号の「事業者に不公正な取引方法に該当する行為をさせるようにする」事業者団体の行為、22条但書における協同組合の適用除外の例外のうち「不公正な取引方法を用いる場合」は廃止する。このうち、現行法適用との関係で、意味のある改正は22条但書における協同組合の適用除外の例外のうち「不公正な取引方法を用いる場合」は廃止することである。なお、6条はこの機会にすべて廃止する。

3　国際標準の新基本体系への移行

主要ガイドラインについては、新基本体系に合致させるように全面改訂を行う。さらに不公正な取引方法の解体により、完全に国際標準のガイドラインになる*7。この点は、「知的財産の利用に関する独占禁止法上の指針」、「排除型私的独占に係る独占禁止法上の指針」および「流通・取引慣行に関する独占禁止法上の指針」に当てはまる。

「知的財産の利用に関する独占禁止法上の指針（最終改正：平成28（2016）年1月21日）」は、現行法のもとでも、私的独占と不当な取引制限の観点からと自由競争減殺型の不公正な取引方法の観点からを一体化してルールを解説すべき

*6　現行特殊指定は、①「新聞業における特定の不公正な取引方法」（平成11（1999）年）（新聞業特殊指定）、②「特定荷主が物品の運送又は保管を委託する場合の特定の不公正な取引方法」（平成16（2004）年）（物流特殊指定）、③「大規模小売業者による納入業者との取引における特定の不公正な取引方法」（平成17（2005）年）（大規模小売業告示）の3つである。告示による指定方式を採用し、現行特殊指定は残る。

*7　村上政博「独占禁止法の主要ガイドラインの改訂方針とあるべき内容(上)(下)」国際商事法務51巻10号、11号掲載予定（2023年）。

である。また、自由競争基盤侵害型の公正競争阻害性に基づく（優越的地位の濫用規制による）ライセンス契約上の制限条項に係る現行ルールは過去の認定基準および運用基準の悪影響を受けており簡素化すべきである。また、不公正な取引方法の解体によって自由競争減殺型の不公正な取引方法の観点からは完全になくなる。

「排除型私的独占に係る独占禁止法上の指針（平成21（2009）年10月28日）」は、現行法のもとでも、排除行為と一定の取引分野における競争の実質的制限の定義や両要件の関係については、あるべき解釈に変更すべきである。自由競争減殺型の不公正な取引方法のうち、排除型単独行為に係る判例法を含める形で、排除型単独行為に係るガイドラインとすべきである。また、不公正な取引方法の解体は、排除行為と一定の取引分野における競争の実質的制限の関係についてはあるべき解釈をもたらす。

「流通・取引慣行に関する独占禁止法上の指針（最終改正：平成29（2017）年6月16日）」は、現行法制のもとで、取引慣行および総代理店に係る部分は廃止すべきである。流通取引慣行ガイドラインの流通部分は、再販売価格の拘束、拘束条件付取引など不公正な取引方法による規制から、不当な取引制限による垂直的制限規制に移行すべきである。また、自由競争減殺型の不公正な取引方法の廃止後は、不当な取引制限による垂直的制限に係るガイドラインとなる。

「農業協同組合の活動に関する独占禁止法上の指針（最終改正：平成30（2018）年12月27日）」は、現行法のもとでも、協同組合の活動に係る独占禁止法による規制からの適用除外について、完全に誤った解釈であり全面改訂する必要がある。不公正な取引方法の解体によって22条但書の「不公正な取引方法を用いる場合」が廃止されることで、完全に立法的解決が図られる。

「優越的地位の濫用に関する独占禁止法上の考え方（最終改正：平成29（2017）年6月16日）」は、不公正な取引方法の解体による影響を受けない。ただし、二当事者の関係性に基づく民事上の規制として、民事判決内容を加える形で変更することが相当である。

4　改正の必要性

現行の不公正な取引方法規制は、統一的な理解が不可能なものとなってい

る*8。

　たとえ判例法として行為類型ごとの単一ルールが確立した1段階の二重規制構造のもとでも、二重規制構造を法的に解消しないと、妥当なルールの構築や、明快な内容のガイドラインは形成できない*9。すなわち、妥当なルールを構築し、明快な内容のガイドラインを作成するために不公正な取引方法の解体は必要不可欠である。

IV　事業者団体の活動規制

　事業者団体の活動規制については8条1号のみを規定する。

　8条違反について、上限金額を10億円程度（金額は適宜決定する）とする事業者団体の活動に係る課徴金（事業者団体の資産を担保とし事業者団体に納付義務を負わせるもの）を設ける。

　事業者団体の活動規制に関する法改正については、立法政策として改正時期を遅らせるという選択肢はある。

V　国際標準の競争法の実現

　この改正により、独占禁止法は、国際標準の競争法になる。したがって、法改正後の実務運用を心配する必要はない。基本的に米国反トラスト法、EU競争法の実務、判例法の展開を参考にすることで足りる。

　諸外国では（国際的には）、自由競争減殺型の不公正な取引方法なしで、適正な競争ルールを構築し、妥当な内容のガイドラインを作成し、かつ、効率的な執行ができている（10頁・11頁の**図表1、2、3**参照）。

　ただし、大改正であるため、関係省庁との関係、利害関係者との関係で、できる限りスムーズに実現できるように制度設計を行うべきである。

---

*8　村上政博「不公正な取引方法の禁止の歴史と課題」国際商事法務51巻9号（2023年）掲載予定。

*9　村上政博「不公正な取引方法の再構築──最後の改正課題」国際商事法務51巻1号（2023年）49頁、同「自由競争減殺型の不公正な取引方法廃止後におけるガイドライン再編成」国際商事法務51巻2号193頁（2023年）参照。

　独占禁止法について、効果的な法執行を実現し、適正なルールを構築しガイドラインを作成するための法改正であって、外部から言われるものでなく、本来公取委自身が率先して実施すべき改正課題である。

図表1　競争法の基本体系

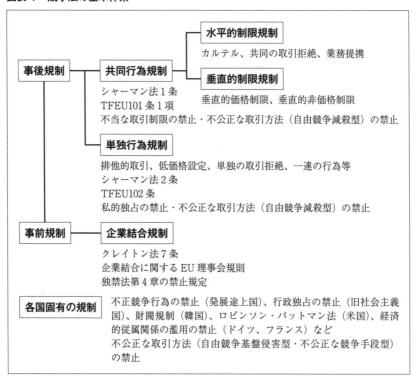

水平的制限規制
カルテル、共同の取引拒絶、業務提携

事後規制　共同行為規制
シャーマン法1条
TFEU101条1項
不当な取引制限の禁止・不公正な取引方法（自由競争減殺型）の禁止

垂直的制限規制
垂直的価格制限、垂直的非価格制限

単独行為規制
排他的取引、低価格設定、単独の取引拒絶、一連の行為等
シャーマン法2条
TFEU102条
私的独占の禁止・不公正な取引方法（自由競争減殺型）の禁止

事前規制　企業結合規制
クレイトン法7条
企業結合に関するEU理事会規則
独禁法第4章の禁止規定

各国固有の規制
不正競争行為の禁止（発展途上国）、行政独占の禁止（旧社会主義国）、財閥規制（韓国）、ロビンソン・パットマン法（米国）、経済的従属関係の濫用の禁止（ドイツ、フランス）など
不公正な取引方法（自由競争基盤侵害型・不公正な競争手段型）の禁止

図表2　独占禁止法の基本体系

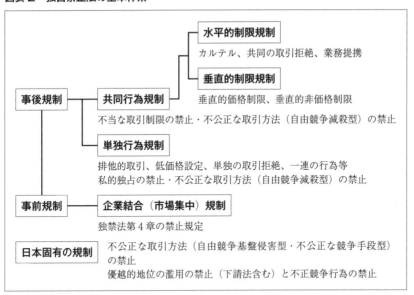

図表3　あるべき独占禁止法の基本体系

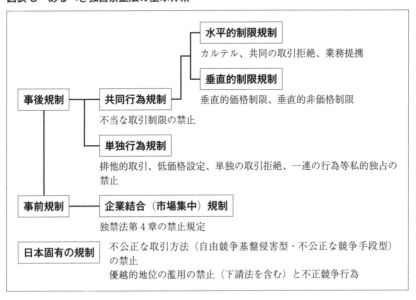

第2章

行政制裁金制度の基本設計

I　行政制裁金制度に

　3条違反行為についての行政制裁金の導入は、競争法の基本体系上当然に必要なものであるうえ、私的独占の禁止により、排除型単独行為、搾取型単独行為を的確に規制していくためにも、共同の取引拒絶、垂直的価格制限のうち違法度の高い行為について課徴金を課していくためにも必要不可欠な改正事項である。

　国際標準の行政制裁金制度については、すでに平成29（2017）年4月独占禁止法研究会報告書でも、「EUのように、前事業年度の損益計算書（連結会計を採用している場合は連結損益計算書）上の売上高等を基準として課徴金の上限とする制度」、「例えば、諸外国の制度に倣い、違反行為者の直近事業年度の損益計算書上の総売上高の10%を課徴金の上限とする制度」として、明確に次回改正の目標とされている。

　行政制裁金制度の制度設計については立法政策であるため、当然に多様な選択肢がある。

　今回提言する行政制裁金制度は、現行課徴金制度と比べると、第1に、カルテルについては、上限金額方式を採用するほか、明白に誤った規定である7条の5（調査協力による減算制度）に関する事項を全面的に改めて、そのほかの2019年改正法で採用された事項については基本的に維持し、第2に、カルテル以外の3条違反行為については、排除型私的独占に該当する行為について課徴金を効果的に適用できるものとするとともに、重大な競争制限効果をもたら

す共同の取引拒絶や垂直的価格制限について課徴金を課し得るものとすること
になる。

　ちなみに、2019年改正作業は、カルテルに対する裁量型課徴金制度の創設
を目標に開始された。上限金額方式の行政制裁金の導入は当初から断念してい
たので、調査協力による減額率について上限および下限の一定幅とし、公取委
の専門的裁量によって協力度合いによる減算率を決定する形で裁量性を導入す
ることが目標であった。前記独占禁止法研究会報告書は、「調査協力インセン
ティブを高める制度として、違反被疑事業者が自主的に提出した証拠の価値等
に応じて、課徴金を減算する制度を設ける」、「具体的な方法としては、現行の
課徴金減免制度の適用事業者数の限定（最大5社）を撤廃するとともに、申請
期限（調査開始日から20営業日を経過するまで）を延長した上、減算率に一定程
度の幅を持たせ、減免申請者が自主的に提出した証拠の価値等に応じて、公正
取引委員会が具体的な減算率を決定する制度に改正する」、「証拠価値の評価及
び具体的な減算率の決定は、公正取引委員会の専門的知見による判断に委ねる
ことが適当と考えられる」としている。この点から、審査途中段階において最
終減算率を決定する旨規定する現行7条の5は、改正目標に照らし致命的に誤
った条文である。これも、公取委の責任というよりも、法制局が裁量性の導入
に反対した結果であるとされる。この点について、できる限り速やかに法改正
して真相解明（違反立証）に役立つ制度とすべきである。

　2005年改正から続いてきた課徴金制度に係る法改正は、行政制裁金制度
（行政制裁金の枠組み）の導入で完了する。行政制裁金制度の導入後は、現実の
執行をみながら行政制裁金の上限金額の引上げや細部の見直しを検討すること
になる。

II　基本的な行政制裁金の制度設計

1　行政制裁金制度の基本的制度設計

　行政制裁金制度は、上限金額まで課徴金を課すことができるという制裁金制
度をいう。

　対象となる競争法違反行為は、事後規制である単独行為規制と共同行為規制

に該当する行為である。独占禁止法では３条違反行為となる。

　課徴金額を決定する主たる判断要素は、行為の性質（行為類型）、重大度（競争制限効果の程度）、有責性、調査協力の４つである。

　基本的な制裁金額の算定方法は、制裁金額＝基礎金額×基本算定率（＝基本金額）×有責性・調査協力による加減率である。

　このうち、基礎金額は、基本算定率を乗じるための金額をいい、通常違反対象商品売上額を意味する。基本金額は、基礎金額に基本算定率を乗じて算定される金額をいう。制裁金額は、基本金額に有責性・調査協力による加減率を乗じて算定される。

　課徴金額は、違反事実を確定した審査終了時（命令内容決定時）に決定される。

2　上限金額

　国際的にみて、国際標準の上限金額は、「違反行為者の直近事業年度の損益計算書上の総売上高の 10％」である[1]。

　直近事業年度とは前年度・最終年度ともいい、ここでは「前年度」を使う。

　独占禁止法について、上限金額について国際標準の違反事業者の最終年度売上高の 10％ とすることは望ましくはあるが、次回改正においてそれが実現可能であるとは評価されない。実現可能性の点から、現行課徴金制度の上限金額を行政制裁金の上限金額とする制度が最も現実的である。

　現行課徴金制度の上限金額を行政制裁金の上限金額としようとする場合には、「公正取引委員会は、３条違反をした者に対して、違反行為の性質、違反の重大度、有責性、調査協力などを勘案して、違反事業者の前年度違反対象商品売上額に想定継続期間（確定数値）及び 20％ を乗じた金額の範囲内で、課徴金を課すことができる。」という規定内容となる。

　上限金額は確定した金額であることが必要であるために、違反事業者の前年

---

*1　行政制裁金はドイツの準刑事罰である制裁金制度から発展した。違反事業者に対するものだけでなく、自然人に対するものもあり、その場合当該自然人の前年度総収入が上限金額になる。法人であれ、自然人であれ、前年度総収入まで没収すると、制裁として違反抑止効果が働くと評価する制度である。大陸法系の競争法のなかには、違反事業者のみでなく加担した自然人に行政制裁金を課す制度を有する国も存在する。私は 2009 年に中南米の競争法を調査するためメキシコ、ブラジルの競争当局を訪問したが、その当時中南米では自然人に対する行政制裁金を有する制度も存在していた。

度売上額を用いる。上限金額は、違反事業者の前年度売上額に想定継続期間である確定数値を乗じ、さらに最大（上限）算定率を乗じて算定する。

　現行課徴金のように、カルテルとカルテル以外の3条違反行為との間で基本算定率に格差を設ける制度にしようとする場合には、「公正取引委員会は、3条違反のうち、カルテルを行った者に対して、当該違反事業者の前年度違反対象商品売上額に想定継続期間（確定数値）及び20％を乗じた金額の範囲内で、また、カルテル以外の違反行為を行った者に、当該違反事業者の前年度違反対象商品売上額に想定継続期間（確定数値）及び6％を乗じた金額の範囲内で、違反行為の性質、違反の重大度、有責性、調査協力などを勘案して、課徴金を課すことができる。」という規定内容となる。

　想定継続期間は、継続期間が最長10年間であるため、10までの数値から選択される。

　当該事業者の当該商品売上額は連結ベースの企業グループ（経営体）単位で算出する。

　後者の規定を採用する場合には、カルテルを明確に定義する必要がある。

　その場合、カルテルとは、当然違法型の水平的制限をいい、価格協定（価格引上げ協定、価格維持協定）、数量制限協定、市場分割協定をいう。民間調達における受注調整、公共調達における入札談合（受注予定者の決定等）は価格協定に含まれる。受注調整および入札談合は、いずれも画定した関連市場において価格引上げ効果、価格維持効果を達成することを目的とするものである。市場占有率割当協定は、数量制限協定に含まれる*2。

　上限金額等を法律で規定し、課徴金額算定方法と課徴金額減免制度は公取委規則等で定めるのが原則であるが、立法政策としては、法律で定める事項と公取委規則等で定める事項とを柔軟に振り分けることができる。

　そこで、法律に、但書方式等で、例えば以下のように規定することも考えら

---

　*2　カルテルについては、課徴金の法的性格が価格カルテルについての不当利得の剥奪であった時期から「商品若しくは役務の対価に係るもの又は商品若しくは役務の供給量若しくは購入量、市場占有率若しくは取引に相手方を実質的に制限することによりその対価に影響することとなるもの」（7条の2第1項）と定義されてきた。「事業者と弁護士との間で秘密に行われた通信の内容が記録されている物件の取扱指針」（令和2（2020）年）は、カルテルについて、課徴金減免対象違反行為の疑いのある行為（課徴金減免対象被疑行為）と定めているが、これでは本末転倒であり定義とはならない。

れる。

「課徴金額は、算定期間における違反対象商品売上額に基本算定率を乗じた金額に行為者の有責性による増額、調査協力による減額を勘案して決定する。

カルテルについては、基本算定率を 10% とし、有責性を勘案して基本金額の 2 倍まで増額することができる。カルテル以外の違反行為については、違反行為の性質、違反の重大度を勘案して、6% の範囲内で基本算定率を選択するものとし、その場合有責性を勘案して基本金額の 20% まで増額することができる。」

後半部分については、「カルテル以外の 3 条違反行為については、課徴金を課す場合には、違反行為の性質、違反の重大度を勘案して、6%、4% 又は 2% の基本算定率のいずれかを選択し、有責性を勘案してその基本金額の 20% まで増額することができる。」旨規定することも考えられる。

3　上限金額まで課すことができるという規定方式の意義

上限金額まで課すことができるという規定方式により、一定の算定方法に従い算定した確定金額を課さなければならない旨規定する現行課徴金制度と比べて、公取委は、課徴金について課すか否かおよび課徴金額を裁量により決定できる。

課徴金を課す違反行為については、行為の性質から、カルテル、排除型私的独占に該当する排除行為、支配型私的独占に該当する支配行為（搾取型単独行為）、共同の取引拒絶、垂直的価格制限に事実上限定される。さらに、重大性の点から、課徴金を課す行為について絞り込むことができる。

また、違反事業者すべてに課徴金を課す必要はなく、違反抑止効果の観点から、違反行為者のうち首謀者に対してのみ課徴金を課すことができる。

なお、違反事業者すべてに排除措置を課す必要はないことは、すでに「命ずることができる」と規定している排除措置に当てはまる。

III　具体的な課徴金額の算定方法

1　カルテルに対する制裁金額の算定方法の独自性

　具体的な課徴金額の算定方法についてはカルテルとカルテル以外の3条違反行為に分けて考えるほうが理解しやすい。カルテルに対する課徴金額の算定方法は、他の違反行為の課徴金額の算定方法と比べて、格段に詳しい算定方法が採用される。

2　対象事業者と違反行為の継続期間

　課徴金額は、審査終了時を基準時として決定され、個別の違反事業者ごとに認定される。違反対象商品売上額を算定するための違反行為の継続期間も、個別の違反事業者ごとに認定される。

　カルテル（共同行為）について、参加者は絶えず変動しているが、カルテル全体の始期や終期とは別に、個別の違反事業者ごとに異なる始期と終期が認定される。新規参加者については、参加の時点が始期となり、脱退者については脱退の時点が終期となる。したがって、個別の違反事業者ごとの違反行為の継続期間については審査終了時点でないと認定できない。

　行政制裁金導入後、例えば、段ボール製品価格協定事件について、公取委は、違反抑止の観点から十分であると判断するときには、三木会においてカルテル合意をした主要な段ボールシートメーカー11社および段ボールケースメーカー12社に対して排除措置および課徴金納付を命じるという事件処理ができる。

3　基礎金額の算定方法

　基礎金額である違反対象商品売上額については、次の2つの算定方法に大別される。

　第1は、簡略化した売上額・みなし売上額を用いる方法である。

　前事業年度の当該商品売上額×継続期間を用いて、継続期間についても現実の継続期間について切り捨て方式で算出した、年間または半年単位の期間を用いる。

　第2は、現実の売上額を用いる方法であり、継続期間（実行期間または違反行為期間）における当該商品の現実の売上額を用いる。

　第1の方法が実務上は簡便で望ましい。違反対象商品売上額の算定が簡単であるうえ、継続期間が長期になると、過去の現実の当該商品売上額を証拠により認定することが困難になるためである。

　第2の方法が理論上は望ましい。継続期間が長期になると、現実の売上額とみなし売上額の額にずれが生じる可能性があるがそれを回避できる。

　この選択に当たっては継続期間の長短が重要であり、2019年改正前のように継続期間の上限が3年間であれば第2の算定方法でよいが、2019年改正後のように最長で10年間となると第1の算定方法をとる方が妥当である。

　この点で、2019年改正法による違反対象商品売上額の算定方法は、第2の算定方法をとりながら推定規定を設けることにより、簡易に算定しようとするものであって、中間的なものである。

　いずれにせよ、当該事業者の当該商品売上額は企業グループ単位で算出する。

　現行課徴金制度は、談合協力金等は基礎金額の対象となり、下請受注額等は基本金額の対象となっている。課さなければならないという義務的賦課方式のもとで、談合協力金や下請受注額まで課徴金の対象行為とすることは、効率的な執行を妨げるおそれがある。

　さらに、談合協力金等および下請受注額等ともに、制裁金額に含める場合に、本来は、算定の基礎金額に含めることが相当である。

　行政制裁金制度のもとでは、カルテル参加者に対する談合協力金等や下請受注額等についても、常に算定の基礎金額に含める必要はないが、裁量により、主要な違反事業者に対するものであって、その金額が高額な場合に算定の基礎金額に含めることはできる。

　国際市場分割協定への参加外国会社に対して、日本市場での競争制限効果が認定される場合に、想定売上高方式を採用して、想定違反対象商品売上額方式により、課徴金を課すことは2019年改正では見送られた。

　これも、行政制裁金制度のもとでは、国際的市場分割協定に参加して日本市場への参入をしなかった、日本国内における当該違反対象商品売上額がない外国事業者に対しても、当該外国事業者が日本国内に参入しなかったことが日本

市場において実質的な競争制限効果をもたらしているときには、想定売上高方式により課徴金を課すことができる。

4　基本算定率と基本金額

カルテルの場合には、違反行為が最も重大であることから一番高い基本算定率を採用する。現行の基本算定率は 10％ となっている。

カルテル以外の 3 条違反行為について、行為の性質から制裁金を課す行為は、排除型私的独占に該当する排除行為、支配型私的独占に該当する支配行為、共同の取引拒絶、垂直的価格制限にほぼ限定される。

それら違反行為については、重大度の観点から違反対象商品売上額に乗じる基本算定率の選択が重視される。違反行為の重大度に応じて基本算定率について、1％ 単位で適切な算定率を選択する、または、制裁金を課す場合には 6％、4％、2％ のうちから選択することになる。単独行為や垂直的価格制限に違反する事業者の制裁金額の基本算定率として 6％ はかなり高い率という印象を受ける数値である。

5　有責性および調査協力による加減率

制裁金額は基本金額に有責性、調査協力による加減率を乗じて算出する。例えば、主導的役割による 50％ 加算、調査協力による 30％ 減算の場合には、基本金額に（1＋0.5）×（1−0.3）を乗じる。

有責性による加算率については、現行課徴金制度では、繰り返し違反、調査妨害で 0.5、主導的役割で 0.5、双方で 1.0 である。

調査協力による減算率については、報告順位と調査協力の度合いによって決定する。現行課徴金制度では、報告順位と調査協力の度合いにより、1 から 0.05 である。

加減率については、違反事実が確定したカルテル調査終了時に競争当局の専門的判断に基づき決定する。

調査協力の度合いのみならず、主導的役割、調査妨害は、個別違反事業者ごとに審査終了時の違反事実確定後でないと判断できない。

この点が、運用指針により改善を図らざるを得なかった、2019 年改正法の

大きな欠陥である。

6　調査協力による減免制度

　行政制裁金制度のもとでの制裁金減免制度について、EU における行政制裁金減免制度が最も参考になる。

　EU では、免責の要件は、①調査開始前に調査の開始または調査開始後に違反行為の証明を可能とする証拠を最初に提出すること、②誠実、十分かつ継続的な調査協力を行うこと、③申請者が他の事業者に対してカルテル参加またはその中止の阻止を強要した者でないこと、④違反行為を終了すること、⑤申請の事実・内容を公表しないこと、である。

　また、違反行為を認めて高い付加価値を有する証拠を提出し、その他免責の申請の場合と同様の条件を満たした者に対して、最初の申請者50% 〜30%、2番目の申請者30% 〜20%、それ以降の申請者20% 以下という減額幅で行政制裁金の減額が認められる。

　EU の行政制裁金減免制度は、調査開始日の前後を問わず、減免申請の期限を設けずに、下記のルールを定めている。

　　第1順位申請者については全額を免除する。

　　第2順位申請者については、最大減算率50%〜最小減算率30% の範囲内
　　　で減算率を決定する。

　　第3順位申請者については、最大減算率30%〜最小減算率20% の範囲内
　　　で減算率を決定する。

　　第4順位以下の申請者については、最大減算率20% の範囲内で減算率を
　　　決定する。

　2019 年改正による課徴金減免制度は、かなり EU の制裁金額減免制度に近づけたものである。不要な協議および合意を廃止したうえで、調査開始日の前後を問わず、減免申請について審査終了時点まで申請できることにしたうえで、2019 年改正による減算率を使用すると、下記のような課徴金減免制度となる。

　　第1順位申請者については、全額を免除する。

　　第2順位申請者については、最大減算率60%〜最小減算率20% の範囲内
　　　で減算率を決定する。

　　第 3 〜 5 順位申請者については、最大減算率 30% 〜最小減算率 10% の範
　　囲内で減算率を決定する。

　　第 6 順位以下の申請者については、最大減算率 25% 〜最小減算率 5 % の
　　範囲内で減算率を決定する。

　減免申請時期は審査終了時まで可能とする。2019 年改正法は当初この目標
を実現しようとした。この改正法は、減免申請についての申請者数の上限を撤
廃し、審査終了時点まで減免申請できるようにした。ところが、現行 7 条の 5
により公取委が審査途中時点で調査協力による最終減算率を決定することとし
たため、上限および下限の合意のもとで審査終了時に最終減算率を決定できる
ように、運用指針により、事件開始日以降の減免申請の期限を従前どおり事件
開始日から起算して 10 日以内とせざるを得なかった。改正法の誤りを是正す
るために、減免申請の期限を審査終了時とすることができなかったことになる。

IV　行為類型ごとの課徴金額

1　行為類型ごとの検討課題

　制裁金について、行為類型ごとの個別論点を検討していく際には実体法との
関係は切り離せない。3 条違反を対象とする行政制裁金制度を導入することは、
3 条が単独行為と共同行為の基本禁止規定であるという解釈を確立する。国際
標準の競争法体系が独占禁止法において確立し、垂直的制限や共同の取引拒絶
についても不当な取引制限に該当すると解される。

　3 条違反行為の中でもカルテルとカルテル以外の 3 条違反行為が区別されて、
カルテルが 3 条違反のなかでも、最も違法度の高い当然違法型の行為類型であ
ることを確立する。独占禁止法ではカルテル以外の 3 条違反行為については、
ようやく現実に課徴金が課され始めた段階にあり、重大度の観点から違反対象
商品売上額に乗じる基本算定率を決定する必要がある。違反行為の重大度に応
じて適切な基本算定率を選択することにより、妥当な制裁金額を現実に課して
いくことが望ましい。

　この点でも、すでに長期間の執行実績のある EU 競争法の行政制裁金の実務
がもっとも参考となる。

2　カルテルの場合

　カルテルの場合には、基本算定率について、違反行為が最も重大であることから一番高い基本算定率を採用する。現行の基本算定率は 10% となっている。

　2019 年改正が実体法の解釈に影響を及ぼした事項として、実行期間の長期化に伴うカルテルの合意内容の変化がある。

　カルテルの実行期間が 3 年以内にとどまる場合には、価格協定について、値上げ幅と値上げ時期の立証を求めることが相当であっても、カルテルの実行期間が最長 10 年間とかなり長期間になる場合には、値上げ幅と値上げ時期の合意を要件とすることはできない*3。

　例えば、医療用医薬品に係る価格維持協定、受注調整の合意について、合意事項は販売価格をできる限り薬価基準に合致するものとすること、薬価基準を大幅に下回らない金額とすること、さらには、薬価基準の改定（引き下げ）に対して新薬価基準の 5% の範囲にとどめることなどの内容となる。長期にわたるカルテルについて、2 年ごとの薬価基準の改定（引き下げ）に即して、特定した最低販売金額や新薬価からの値引率の合意を認定するというような合意内容の認定はできなくなる。

　コーンスターチ事件の東京高裁判決内容にみられるとおり、合意内容として値上げ幅と値上げ時期の特定は求められなくなる。

3　カルテル以外の 3 条違反行為

　行為の性質から、制裁金を課す行為は、排除型私的独占に該当する排除行為、支配型私的独占に該当する支配行為、共同の取引拒絶、垂直的価格制限に事実上限定される。

　これらの行為については、重大度の観点から違反対象商品売上額に乗じる基本算定率の選択が重視される。違反行為の重大度に応じて基本算定率について、1% 単位で適切な算定率を選択する、または、制裁金を課す場合には 6%、4%、2% のうちから選択することが考えられる。

　行為の性質、重大度、有責性、調査協力の 4 要素のうち、有責性による加算、

---

*3　村上政博「価格協定と入札談合に係る同一ルール──令和元年改正後におけるカルテル規制」
　　国際商事法務 51 巻 6 号 810 頁参照。

調査協力による減算についてはそれほど重視する必要はなく、最初から加減率を含めた精緻な算定金額の算定方法を決める必要はない。

　私が最初に欧州委員会に滞在した1984年当時、行政制裁金額の算定については専ら基本算定率の選択が問題とされていた。カルテル、市場支配的地位の濫用行為、垂直的価格制限に該当する行為を行った事業者の制裁金額の基本算定率として4％、5％程度の基本算定率が用いられていた。その点から、初期の段階のカルテル以外の違反行為についての制裁金の基本算定率の相場として現行の6％はかなり高い基本算定率となる。

4　排除型私的独占

　排除型私的独占に該当する行為については多数の行為類型を含むうえ、個別違反行為についても違反になるか否かの判断が難しい、限界的な行為も多い。

　カルテル以外の3条違反行為のうち、現実に課徴金賦課の対象行為となるのが、まずは排除型私的独占に該当する行為である。独占禁止法上もマイナミ空港サービス事件の排他的取引に対して初めて課徴金が課せられている。

　排除型私的独占について、現行義務的賦課方式の課徴金制度のもとでは、違反対象商品売上額に基本算定率6％を乗じて算定せざるを得ないが、基本算定率6％は感覚的にかなり高い算定率である。課徴金額を調整するために、一定の取引分野の商品市場や地理的市場を狭く画定するという事実認定への弊害をもたらしやすい。

　EU競争法では、市場支配的地位の排除型濫用行為のうち、規制産業分野において自由化後に最初に摘発した行為について、違反行為を認定した場合でも排除措置を命じるにとどめ、制裁金納付まで命じないことにしている。

　EU競争法では、排除措置と課徴金納付とが同一決定のなかで命じられる[4]。行政制裁金は審査終了時点を基準時として、それ以前の違反行為に対して課せられる。EU競争法上、これまでカルテル、さらに垂直的価格制限については、欧州委員会が調査を開始すると事業者は当該行為をやめ、違反行為はなくなっている。そのため、過去の行為に対する行政制裁金納付を命じるこ

---

　*4　一般論としては、排除措置命令と課徴金納付命令は同時期に発せられ、両命令が併存する場合には単一手続のもとで処理されることが望ましい。

とで十分である。ただし、市場支配的地位の濫用行為については、排除措置命令の具体的な措置内容または事業者が違反行為に該当しないとして争い続ける事例もみられる。

　独占禁止法では、排除措置命令と課徴金納付命令とは別個の命令とされている。課徴金納付命令は違反行為がなくなったこと、すなわち違反行為の終期を認定してから課すものとされてきた。

　排除型私的独占事件として初めて課徴金が課される可能性があった日本音楽著作権協会事件でも、排除措置命令と課徴金納付命令は別個の命令であるため、課徴金納付命令については終期が到来してから命じるという考え方がとられた。マイナミ空港サービス事件では、排除措置が先行して命じられて、その後終期が到来したことを認定してから課徴金納付を命じている。

　このように、独占禁止法では、排除措置命令と課徴金納付命令は別個の命令であるため、課徴金納付命令については、終期が到来するまで待ってから課徴金納付命令を発することができるという制度設計が採用されている。

　このほか、単独行為についての課徴金納付命令の対象となる行為として、支配型私的独占に該当する行為がある。独占禁止法の支配型私的独占について、EU競争法上の市場支配的地位の搾取型濫用行為と同様な搾取型単独行為を規制対象とする旨の解釈を確立する必要がある。

5　垂直的価格制限

　次いで、不当な取引制限に該当する垂直的価格制限（再販売価格維持行為――メーカーまたその販売子会社による末端小売価格の維持行為）が、コンスタントに違反行為と認定されて排除措置が命じられるため、課徴金賦課の可能性、必要性が高い行為となる。

　不当な取引制限の相互拘束として、当該違反事業者と販売業者（直接の取引先である卸売業者、間接の取引先である小売業者のいずれであってもかまわない）の間での末端行為価格を維持する旨の合意が認定される。排除措置および行政制裁金制度のもとでの課徴金納付は、違反行為者のうち、当該メーカーまたはその販売子会社に対してのみ命じられる。したがって、再販売価格の維持の合意への参加事業者については認定する必要はない。

　独占禁止法上、排除措置命令について、「必要な措置を命ずることができる」
と規定していることから、垂直的価格制限について、競争状態を回復するとの
観点からすべての違反事業者に排除措置を命じる必要はなく、メーカーまたは
その販売子会社に対してのみ排除措置を命じることができる。行政制裁金制度
のもとでの課徴金についても垂直的価格制限についてはメーカーまたはその販
売子会社に対してのみ課徴金納付を命じることができる。

　当該メーカーまたは販売子会社という違反事業者について課徴金を課すため
には、基本金額算定のために、当該商品売上額（出荷金額）のほか、価格維持
行為の始期と終期が認定される必要がある。独占禁止法上は垂直的価格制限に
対して課徴金納付が命じられた事件はない。これまでに価格維持行為の終期の
認定が問題となった事例として、ソニー・エンタテインメント事件が存在する
程度である。

　EU競争法上の垂直的価格制限についての行政制裁金納付命令をみると、垂
直的価格制限（再販売価格維持行為）の制裁金額算定においては、基本算定率の
選択が最大の争点となる。そのほかに、調査協力による減算率として、40％、
50％というかなり高率の減算率が認められている。

6　共同の取引拒絶

　共同の取引拒絶は、不当な取引制限に該当するとして課徴金賦課の対象とな
る可能性がある行為である。共同の取引拒絶についての課徴金額は、理論上カ
ルテルに準じて算定することになる。ただし、EU競争法上、共同の取引拒絶
についての課徴金納付命令については事例もみられない。

V　憲法上の二重処罰の禁止問題

　同一カルテルについて刑事罰と課徴金とを重ねて賦課することは許されない
という憲法上の二重処罰の禁止問題は、基本問題懇談会報告書公表時である平
成19（2007）年当時は未解決のままに議論が終わったが、行政制裁金制度のも
とでは、競争当局が刑事罰を勘案して課徴金額を決定する裁量権を有するため、
自動的に解決（解消）する。ちなみに、刑事罰が科せられる違反行為は事実上

カルテルに限定され、二重処罰の禁止問題はカルテルについて生じる。

　両罰規定を維持する場合でも、行政制裁金制度を採用すると、同一カルテルに対して法人事業者に賦課された刑事罰金額が課徴金額算定の判断要素の1つとなるため、刑事罰金額を勘案して課徴金額を決定することになり実質的に二重処罰の禁止問題は解消する。

　公取委は同一違反行為について刑事罰が科される場合にはそのことを勘案して課徴金額を決定することになる。公取委が刑事罰で十分であると判断したときには課徴金を課さないとすることができる。また、公取委は、あるべき課徴金額から当該事業者に対する刑事罰金額を全額控除する形で課徴金額を課すことができる。

　2005年改正で二重処罰の禁止を回避するという点を考慮して採用された半額控除制は廃止することが相当である。これで、基本問題懇談会報告書で「両者の金額調整は必ずしも必要ではないと考えられる」とした懸案事項が解決する。

第**3**章

不公正な取引方法の再構築

I 不公正な取引方法の禁止の歴史と課題

1 現状分析

　現在、自由競争減殺型の不公正な取引方法の禁止行為は、論理的一貫性を欠き、無秩序なものとなっている。不公正な取引方法の現行禁止行為は、1982年改定で志向した、判例法を分類整理するための行為類型として到底利用できるものではない[*1]。

　不公正な取引方法については、いよいよその解体・全面見直しが現実の課題となってきている。そのように考えるならば、ここに列挙、指摘した問題点も、むしろ、自由競争減殺型の不公正な取引方法を全面的に廃止することと、取引の相手方の役員選任への不当干渉（一般指定13項）および競争会社に対する内部干渉（一般指定15項）を廃止してあるべき日本固有の規制を確立することを促進する効果をもたらすものとなる。

2 1953年から1982年まで

（1）　制定当初は不正競争法　不公正な取引方法の禁止は、1953年に、極めて短期間のうちに、理論上の詰めもなされず、不公正な競争方法の禁止を変更して[*2]、旧2条7項を規定し、原始一般指定を告示で定める形で制定され

[*1]　現在の不公正な取引方法の個別禁止行為の現状については、村上政博編集代表『条解 独占禁止法〔第2版〕』（弘文堂・2022年）「第3章　不公正な取引方法」137頁～317頁参照。

[*2]　競争ルールに当たる事後規制において、原始独占禁止法で規定した不公正な競争方法の禁止はもともと不要であった。

た。そのため、大改正であるにもかかわらず、研究会報告書も担当官解説書も存在しない。その狙いが、独占禁止法を本来の競争法として執行できないなかで、独占禁止法を生き延びさせるところにあったことは明白である。

　原始一般指定が禁止行為を告示により指定したことは、経済環境等の変化に応じて迅速に禁止行為を変更していくことを意図していた。

　制定当初の不公正な取引方法の禁止は、明白に不正競争法として性格付けられる。実質要件は、公正競争阻害性を意味する「公正な競争を阻害するおそれ」であり、「おそれ」の段階で足りるとした。原始一般指定の形式要件は、外形要件のみを定めて、関連市場を要件とせず、市場での競争への悪影響を問題としていない。どうみても、競争法というよりも不正競争法といわれる法制に該当する。（競争法と比べて）各国国内法である不正競争法では体系的に不可欠である禁止行為は存在しない。その点からは、絶えず経済環境の変化に応じて禁止行為を見直していかないと、時代錯誤的な禁止行為が残ることになる。

　当初、公正競争阻害性について、相手方の意思の抑圧を論拠とする正田彬教授の学説が採用された。正田彬教授は、相手方の意思の抑圧を論拠としたうえ、取引妨害を除く禁止行為すべてがその対象となるものと解説していた[*3]。当初の法適用についても、優越的地位の濫用の禁止に基づく、「国際的技術導入契約に関する認定基準」による国際技術導入契約規制、「輸入総代理店契約等における不公正な取引方法に関する認定基準」による輸入総代理店契約規制などに代表されるように、不公正な取引方法の禁止はまさに不正競争法として運用された。

　（2）　競争法としての活用　　その後、公正競争阻害性について、今村成和教授は、自由競争減殺型の原型となる「自由競争を困難ならしめる」ことを中核理念と解して、不公正な取引方法の禁止を独占禁止法の中核禁止規定と位置付けた。

[*3]　正田彬『経済法〔新訂版〕』（日本評論社・1979 年）。正田彬教授は、取引上の地位の不当利用および優越的地位の濫用は、体制的従属関係と異なる「個別的従属関係」を規制対象とし、その目的は「経済的強者ないしは支配者と、経済的弱者ないしは従属者との間の、個別的な従属関係における取引の公正化にある」としている（242 頁）。まさしく、優越的地位について取引上の地位の優劣という両当事者間の関係性ととらえている。村上政博『独占禁止法の新展開』（判例タイムズ社・2011 年）107 頁～111 頁参照。

　今村成和教授は、「自由競争を困難ならしめるような」ものと「取引方法自体が非難に値するもの」が不公正な取引方法に該当すると解した。

　他方、公正競争阻害性について「縦の関係における対等取引権の確保」や「実質的な意味での取引関係の公正化」に重きを置く正田説は誤りであるとした*4。これは、優越的地位の濫用、取引上の地位の不当利用が競争ルールには含まれないという点で正しい。しかし、優越的地位の濫用規制は、日本固有の規制として独占禁止法上の規制には含まれる。国内法である競争法には、その歴史的経緯による実に様々な各国固有の規制が含まれるのであって、優越的地位の濫用規制は、それと同一の位置付けとなる。過去に、かつ現在でも大きな役割を果たしている優越的地位の濫用規制を、独占禁止法上の規制から除外することには無理がある。

　今村成和教授が、公正競争阻害性について、自由競争減殺型の原型である「自由競争を困難ならしめるような」ものと不公正な競争手段型の原型である「取引方法自体が非難に値するもの」と解した意義は大きく、この説が広く受け入れられて通説となった。不公正な取引方法の禁止を競争法である独占禁止法の中核禁止規定と位置付ける場合、自由競争減殺型の原型である「自由競争を困難ならしめるような」ものが、公正競争阻害性の中心となることは、自然な解釈であった*5。

3　1982 年から 2009 年まで

（1）　旧一般指定と不公正な取引方法の全盛期　　公取委は、原始一般指定制定後、約 30 年間経過した 1982 年に、経済実態の大きな変化等の事情を踏まえてそれに対応するとともに、禁止行為の明確化を図ったとして、原始一般指定を改定し旧一般指定を制定した。

　これにより、「公正な競争を阻害するおそれ」という文言を維持したまま、公正競争阻害性について、自由競争減殺型、不公正な競争手段型、自由競争基盤侵害型の 3 つに分類し、初めて不公正な取引方法の体系化を実現した。この

---

*4　今村成和『独占禁止法〔新版〕』（有斐閣・1978 年）96 頁および 147 頁。
*5　1953 年から 1982 年までの詳しい経緯については、村上・前掲＊3「第 5 章 第 2 不公正な取引方法の成立とその変遷」106 頁〜113 頁参照。

３分類法は、正田説を取り込んだものである。そのため、優越的地位の濫用について自由競争基盤侵害型というやや大げさな呼称を用いることになったが、不公正な取引方法の体系として妥当なものである。

　この改定作業において、自由競争減殺型の不公正な取引方法の禁止行為の形式要件について、（その当時の）欧米の競争法における行為類型ごとの判例法を参考とした。その結果、旧一般指定は、自由競争減殺型の禁止行為の数を増やし、禁止行為を競争法の行為類型に合わせてより細分化するとともに、やや恣意的ではあったが市場効果要件も加えたものとなった。

　この結果、重なり合う行為類型ごとにみると、高い違法性水準の競争の実質的制限の３条違反行為と低い違法性水準の自由競争減殺型の公正競争阻害性の19条違反行為が併存するという２段階の二重規制構造が成立した。

　また、1982年の一般指定改定は、明確に事後規制について行為類型ごとに禁止行為を規定するという競争法制を志向するものであった。単独行為について、排他的取引は排他条件付取引（旧一般指定11項）、抱き合わせは抱き合わせ販売等（旧一般指定10項）、略奪的価格設定は不当廉売（旧一般指定６項）、差別的価格設定は差別対価（旧一般指定３項）、単独の取引拒絶はその他の取引拒絶（旧一般指定２項）、共同行為について、共同の取引拒絶は共同の取引拒絶（旧一般指定１項）、垂直的価格制限は再販売価格の拘束（旧一般指定12項）、垂直的非価格制限は拘束条件付取引（旧一般指定13項）により規制することを意図していた。さらに消費者保護規定として、不当な利益による顧客誘引（旧一般指定９項）とぎまん的顧客誘引（旧一般指定８項）を定めて、競争者に対する取引妨害（旧一般指定15項）は公正競争阻害性が不公正な競争手段型に該当するものに限定した。

　この改定作業においては、1953年当時とは異なり、独占禁止法研究会報告書（昭和52（1982）年７月８日）が発表されて、担当官解説が出版されている*6。

　長期的にみると、この時点で、自由競争減殺型の公正競争阻害性については、欧米の競争法の違法性基準と同程度まで引き上げられることと、独占禁止法上一定の取引分野における競争の実質的制限と同等のものとなることが運命付け

---

　*6　田中寿編『不公正な取引方法――新一般指定の解説』（商事法務研究会・1982年）。

られた。

(2)　実質要件と形式要件の展開　　（ア）　公正競争阻害性に関する判例法
の進展　　禁止行為の文言のうち、「正当な理由なく」「不当に」「正常な商慣
習に照らして不当に」が実質要件である公正競争阻害性に該当する。

　自由競争減殺型の不公正な取引方法の公正競争阻害性は、法文上、一定の取
引分野（関連市場）を要件としていない。1982 年の一般指定改定後、東洋精米
機事件東京高裁判決（昭和 59（1984）年）、東京都芝浦屠場事件東京高裁判決（昭
和 61（1986）年）、同事件最高裁判決（平成元（1989）年）は、自由競争減殺型の
公正競争阻害性について、一定の取引分野（関連市場）の画定が必要であるこ
と、さらに、様々な判断要素を考慮したうえ、一定の取引分野（関連市場）に
おける競争制限効果を意味することを明らかにした。

　さらに、一般指定改定後 25 年経過した、ヤマト運輸不当廉売事件東京高裁
判決（平成 19（2007）年）ごろまでに、自由競争減殺型の不公正な取引方法の公
正競争阻害性は、判例法上、違法性水準、違法性レベルを欧米の競争法の違法
性水準まで、すなわち一定の取引分野における競争を実質的に制限するところ
まで引き上げられた。要するに、今日の競争の実質的制限の定義である「当該
取引に係る市場が有する競争機能を損なうこと」まで引き上げた。このため、
自由競争減殺型の不公正な取引方法の禁止行為の実質要件は、行為類型ごとに
ルールが設定されるため、「正当な理由なく」「不当に」という文言には当初使
い分けたほどの差異はなくなった。

　この時点で、現実にも、自由競争減殺型の不公正な取引方法の公正競争阻害
性については、公正な競争を阻害するおそれという文言にもかかわらず、一定
の取引分野における競争の実質的制限と同等のものとなり、2 段階の二重規制
構造から実質的に 1 段階の二重規制構造へ移行した。

　この動きは、自由競争減殺型の不公正な取引方法の公正競争阻害性を欧米の
競争法の違法性基準まで引き上げるものであるとともに、ある意味では、不公
正な取引方法の禁止を競争法の中核禁止規定として維持しようとする解釈でも
ある。

　　（イ）　形式要件とその脆弱性の拡大　　禁止行為の文言から「正当な理由
なく」、「不当に」、「正常な商慣習に照らして不当に」を除いたものが、形式要

件に該当する。

　1982年の一般指定の改定は、不公正な取引方法について明白に行為類型ごとに禁止行為を定める競争法制を志向するものであった。そのため、一部の禁止行為の形式要件に、それまでの外形要件に効果要件を付け加えた。ただし、この効果要件は恣意的に規定されたといわざるを得ないものとなっている。

　また、行為類型に対応する禁止行為とするため、禁止行為を原始一般指定の12行為から旧一般指定の16行為にまで増やした。

　旧一般指定では、（当時の牛乳販売における不当廉売を含めるため）不当廉売に初めて2つの禁止行為を規定したが、これは行為類型ごとに単一禁止行為を規定するというそもそもの原則・考え方に反するものである。小売段階の不当廉売を規制するために必要である場合には、不公正な競争手段型の不当廉売（いわゆる原価割れ販売）を別途規定することが相当であった。

　また、行為類型ごとの禁止行為を定める法制については、もともと競争法制として致命的な欠陥がある。

　第1に、規定される禁止行為について、あるべき行為類型との間で過不足が生じることである。不公正な取引方法についても、再販売価格の拘束、排他条件付取引は、対象行為が狭すぎ、その他の取引拒絶と拘束条件付取引は、対象行為が広すぎるという欠陥がある。

　第2に、単一違反行為がいくつもの禁止行為に同時に該当するという重複規制が生じることである。

　これが、行為類型ごとに禁止行為を定める競争法制に固有の形式要件の脆弱性である。2000年代以降の新興国における包括的な競争法制の制定において、国際標準の競争法制が採用されて、行為類型ごとに禁止行為を規定するという競争法制が採用されない理由である。

　しかも、競争者に対する取引妨害については、公正競争阻害性が自由競争減殺型のものを含むと公取委が解したため、単独行為の行為類型に該当する行為のすべてを対象とするものとなっている。旧一般指定改定時、競争者に対する取引妨害は、公正競争阻害性が不公正な競争手段型のものに限定する、または他の禁止行為に該当しない場合にのみ適用されるという補完性の原則が採用された。

このような事情で、不公正な取引方法は行為類型ごとに禁止行為を定め、行為類型と禁止行為とを対応させるという基本的な考え方は完全に崩壊している。

4　2009年から現在まで

（1）　誤った前提に基づく2009年改正　　旧一般指定改定から27年経過した2009年に、法改正により、不公正な取引方法の禁止行為は、5つの法定行為と15の指定行為に細分化されて、それまでの16行為から20行為に増えた。

この改正当時、公取委は、裁量型課徴金制度は到底執行できないとして、その導入に反対しており、違反対象商品売上額に一定率を乗じた金額を課さなければならないと規定する、確定金額算定方式の義務的賦課課徴金制度を維持しようとしていた[*7]。

その考え方のもとでは、義務的賦課方式の課徴金の対象とする行為、対象とし得る行為については、それまで禁止行為とは区別し、要件的に異なる（または要件的に加重した）禁止行為の内容を、法定行為として規定せざるを得ないと考えられた。

そこで、日本独自の確定金額算定方式の義務的課徴金の対象となる行為（なり得る行為）をそれまでの禁止行為から抜き出し法定するという考え方が採用された。この発想自体が、禁止行為に該当する違反行為のうちから市場における競争制限効果の大きいものに対して制裁金を課すという行政制裁金制度が採用する考え方とは明確に反するものである。

この結果、優越的地位の濫用（2条9項5号）、再販売価格の拘束（2条9項4号）、販売に係る共同の取引拒絶（2条9項1号）、法定差別対価（2条9項2号）、法定不当廉売（2条9項3号）を法定禁止行為として規定した。共同の取引拒絶について、販売に係る共同の取引拒絶と購入に係る共同の取引拒絶（一般指定1項）に分け、差別対価について、要件を加重した法定差別対価と指定差別対価（一般指定3項）に分け、不当廉売について、法定不当廉売と指定不当廉

[*7]　ちなみに、公取委が正式に裁量型課徴金制度の導入に積極的な姿勢に転じたのは、2014年の独占禁止法審査手続についての懇談会において松尾勝経済取引局長（当時）がその旨宣言したときである。

売（一般指定6項）に分けた。

　共同の取引拒絶については、行為類型ごとの禁止行為として旧一般指定1項のほうが優れている。現行禁止行為のもとでは、具体的な違反行為についていずれの禁止行為を適用すべきかについて判断がしにくくなっている。

　差別対価と不当廉売については、もともと単一行為類型について単一禁止行為を規定するという原則に反するものであるうえ、法定禁止行為と指定禁止行為との異同や関係が不明確なものとなっている。

　しかも、行政制裁金制度は、同一行為類型に該当する行為のうちから違法度・重大度の高い行為について制裁金を課す制度であって、行政制裁金制度が導入された場合には、到底維持できない制度となっている。

(2)　現在の体系的に混乱した状況　　(ア)　70年間実質的に不変の禁止行為　　現行の法定禁止行為と指定禁止行為を併せて評価すると、1953年指定の原始一般指定とほとんど変わりがない。このことは、70年間見直しが行われてこなかったことを意味する。

　そのため、現行禁止行為のなかには、これまでに当然に廃止して当然である時代錯誤的な禁止行為が残っている。それが、取引の相手方の役員選任への不当干渉（一般指定13項）および事業者団体における差別取扱い等（一般指定4項）である。

　さらに、制定以来一度も適用されたことのない禁止行為もその必要性が検証されることもなくそのまま残っている。それが、不当高価購入（一般指定7項）および競争会社に対する内部干渉（一般指定15項）である。

　さらに、消費者保護規定であった、ぎまん的顧客誘引および不当な利益による顧客誘引については、2009年の景品表示法の消費者庁への移管後、それを残しておく必要があるか否かも検討されないままとなっている。

　　(イ)　現行法制に特有の脆弱性——適用法条の不統一　　3条の私的独占および不当な取引制限の禁止と19条の自由競争減殺型の不公正な取引方法の禁止の二重規制構造がそのまま残っている。

　もともと1982年一般指定改定後も、自由競争減殺型の不公正な取引方法の形式要件については、あるべき行為類型との過不足、重複規制という、いわゆる形式要件の脆弱性という欠陥があった。そのため、排他的取引に係る判例法

をみても、適用法条として、排除型私的独占の排除行為のほか、排他条件付取引、拘束条件付取引、競争者に対する取引妨害が混在して適用されている。

　このように同一違反行為についての独占禁止法適用上の多重規制が生じており、理論上の混乱をもたらすもととなっている。

　（ウ）　2009 年改正の悪影響　　そのうえで、2009 年改正後 10 年以上が経過して、2009 年改正の悪影響が大きいことが判明している。

　単一行為類型について単一禁止行為を規定するという原則に反して、2 つの禁止行為に分けたことそれ自体に問題がある。

　共同の取引拒絶については、行為類型として、販売に係る共同の取引拒絶と購入に係る共同の取引拒絶に分けたことは、行為類型の分類法として過ちである。差別対価と不当廉売の法定禁止行為と指定禁止行為の関係・異同に関して、禁止行為の文言・要件から対象違反行為を区別できると評価されない。

　再販売価格の拘束についても、2006 年以降、その形式要件に含まれない間接の取引先の販売価格を直接拘束することを含む旨禁止行為の範囲が拡大解釈されている[8]。そのため、違反行為内容と再販売価格の拘束の現行形式要件や本来の規定趣旨とは合致しないものを含むこととなっている。これも、指定禁止行為の段階では、解釈論で欠点を補うことは許されても、法定禁止行為とする際に間接の取引先の販売価格を直接拘束することを含むように規定しなおすべきであった。今後、再販売価格の拘束の形式要件から完全に外れる行為が再販売価格の拘束行為として認定されるという異常な状況となりかねない。

　また、販売に係る共同の取引拒絶、法定差別対価、法定不当廉売、再販売価格の拘束について、10 年間に 2 度同一違反行為が認定された場合に課徴金の対象となるが、これまで同一違反行為について 10 年間に 2 度違反が認定されたことはないため、現実に課徴金が課せられることは生じていない。そのなかで、法的差別対価と指定差別対価、法定不当廉売と指定不当廉売とを区分けして適用することが可能であるとも、それに価値があるとも考えられない。

　今後導入される行政制裁金制度は当該行為の違法度、重大度に基づき課すという考え方に基づくものであり、その考え方に照らしても現行禁止行為は到底

---

*8　公取委排除措置命令平成 18（2006）年 5 月 22 日審決集 53 巻 869 頁〔日産化学工業事件〕。

維持できるものでない。

　2009年改正の問題点は、自由競争減殺型の不公正な取引方法について、1982年改定で、行為類型ごとに禁止行為を定める形で体系化を図ったにもかかわらず、その趣旨からも外れて、過度の細分化を行い、自由競争減殺型の不公正な取引方法を統一的・体系的に理解することを不可能なものにしたところにある*9。いわば、手続法の問題である課徴金の対象行為となるか否かにこだわり、実体法を歪めてしまったことになる。

　同改正後10年以上が経過しているが、共同の取引拒絶、差別対価、不当廉売に係る新たな判例は下されていない。差別対価、不当廉売については、その要件からみて、当該違反行為が法定禁止行為、指定禁止行為のいずれに該当するかについて、明確な基準が形成できるのかは疑問である。

II　不公正な取引方法の禁止を日本固有の規制に

1　日本固有の規制へ

　不公正な取引方法の禁止について、自由競争減殺型の不公正な取引方法の禁止行為を廃止して、自由競争基盤侵害型の不公正な取引方法（優越的地位の濫用）および不公正な競争手段型の不公正な取引方法（不正競争行為）から成る日本固有の規制とすることが課題である。

　自由競争減殺型の不公正な取引方法の禁止行為については、存在意義のなくなっている事業者団体における差別取扱い等、制定以来一度も適用されたことのない不当高価購入は廃止することなどの個別の禁止行為の妥当性や廃止を論じるよりも、一括して廃止することが課題である。

　不公正な競争手段型の不公正な取引方法（不正競争行為）では、制定以来一度も適用されたことのない競争会社に対する内部干渉は廃止することが相当である。

　自由競争基盤侵害型の不公正な取引方法では、時代錯誤的な禁止行為である

---

*9　同改正についての公式・建前としての解説については、竹島一彦・上杉秋則・松山隆英・村上政博『回想独占禁止法改正――平成17年・21年・25年改正をたどる』（商事法務・2016年）140頁〜143頁、146頁〜156頁〔松山隆英〕を参照。

取引の相手方の役員選任への不当干渉は廃止することが相当である。

　現在では、自由競争減殺型の公正競争阻害性と「一定の取引分野における競争を実質的に制限すること」とは同一のものとなっており、不公正な取引方法を廃止することによって、私的独占と不当な取引制限により、欧米と同一競争ルールを判例法として構築できる。それだけ、私的独占と不当な取引制限の規定内容は、米国反トラスト法の半世紀にわたる施行体験を活かしたものであって、事後規制の基本規定として優れている。

2　次回の改正内容

　現行法上、自由競争減殺型の不公正な取引方法に該当するとされている、供給に係る共同の取引拒絶、法定差別対価、法定不当廉売、再販売価格の拘束、購入に係る共同の取引拒絶、その他の取引拒絶、差別対価、取引条件等の差別取扱い、事業者団体における差別取扱い等、不当廉売、不当高価購入、抱き合わせ販売等、排他条件付取引、拘束条件付取引はすべて廃止される。

　そのうえで、日本固有の規制として、優越的地位の濫用と不正競争行為が禁止行為として規定される。不正競争行為は、現行判例法上不正競争行為とされている競争者に対する取引妨害、購入強制型抱き合わせ、小売段階の不当廉売が禁止規定として規定される。優越的地位の濫用および競争者に対する取引妨害（現一般指定14項）は、現行禁止行為がそのまま規定されるが、購入強制型抱き合わせ、小売段階における不当廉売については対象行為に合致するように禁止行為を変更することが考えられる。不正競争行為については、それ以外に事業者間取引におけるぎまん的顧客誘引（現一般指定8項）、不当な利益による顧客誘引（現一般指定9項）などを追加するか否かが検討課題となる*10。

　大改正であることは一見して明らかである。しかしながら、単独行為規制と共同行為規制における行為類型ごとの単一ルールのもとで、判例法上の現行ルールに変わりはない。さらに世界の競争法制は、自由競争減殺型の不公正な取引方法なしで国際標準の競争ルールが構築できることを示している。

---

*10　同時に、差止請求権は3条違反行為および改正後の不公正な取引方法を対象とすることに法改正する必要がある。

3 立法方式の選択

　日本固有の規制である不公正な取引方法について、自由競争基盤侵害型の不公正な取引方法である優越的地位の濫用および不公正な競争手段型の不公正な取引方法である不正競争行為をいかに禁止行為として規定するかは立法方式の問題である。

　日本固有の規制である不公正な取引方法について、立法方式としては、告示による指定方式と法定方式がある[11]。

　告示による指定方式では、2009 年改正前の法制のように、旧 2 条 7 項および旧一般指定と同様な法形式を採用することが考えられる。その場合、新一般指定で定める禁止行為に合わせて、例えば、旧 2 条 7 項については、「この法律において不公正な取引方法とは、左の各号の一に該当する行為であって、公正な競争を阻害するおそれがあるもののうち、公正取引委員会が指定するものをいう。

　一　不当な対価をもって取引すること。

　二　不当に競争者の顧客を自己と取引するように誘引、又は強制すること。

　三　自己の取引上の地位を不当に利用して相手方と取引すること。

　四　自己又は自己が株主若しくは役員である会社と国内において競争関係にある他の事業者とその取引の相手方との取引を不当に妨害すること。」

と規定することが考えられる。

　理論上は、告示により禁止行為を指定する方が、より柔軟に経済環境の変化に対応できる。

　また、現在、残る特殊指定は、①「新聞業における特定の不公正な取引方法」（平成 11（1999）年）（新聞業特殊指定）、②「特定荷主が物品の運送又は保管を委託する場合の特定の不公正な取引方法」（平成 16（2004）年）（物流特殊指定）、③「大規模小売業者による納入業者との取引における特定の不公正な取引方法」（平成 17（2005）年）（大規模小売業告示）の 3 つである。告示による指定方式を採用すると、特殊指定を残すことができる。

　不公正な取引方法に関する大改正を実現するためには、新聞業界や新聞協会

---

*11　3 条違反行為を対象とする行政制裁金制度が導入されると、法定行為を設ける必要はなくなる。

と対立することは避けるべきであり、「新聞業における特定の不公正な取引方法」を残すことが相当である。したがって、日本固有の規制である不公正な取引方法については告示による指定方式を採用することが相当である。

　そこで、3条違反に対する行政制裁金制度を導入し、さらに日本固有の規制について告示による指定方式を採用すると、2条9項1号〜6号のうち、1号〜5号はすべて廃止し、6号は変更することになる。そのうえで、優越的地位の濫用は、一般指定の指定行為として規定する。このことが、3条違反に対する行政制裁金制度の実現と自由競争減殺型の不公正な取引方法の禁止行為の廃止は同時に行うべき理由となる。

Ⅲ　他の禁止行為に組み込まれた不公正な取引方法の廃止

　これまで、他の禁止規定に組み込まれた不公正な取引方法の禁止は不要であるため直ちに廃止するように主張してきた。かねてから、『独占禁止法〔第10版〕』（弘文堂・2022年）（以下、村上・独占禁止法という）に「現在でも、不要である、第4章の企業結合規制に関する禁止規定における「不公正な取引方法を用いる場合」、6条の「不公正な取引方法に該当する事項を内容とする」国際的契約等、8条5号の「事業者に不公正な取引方法に該当する行為をさせるようにする」事業者団体の行為、22条但し書における協同組合の適用除外の例外のうち「不公正な取引方法を用いる場合」は、削除することが相当である。」と記述してきたところである*12。

　それらの不公正な取引方法については、中核的禁止行為である自由競争減殺型の禁止行為が廃止されると、日本固有の規制としての禁止行為を残しておく必要もなく、不公正な取引方法すべてが廃止される。

　第4章の企業結合規制に関する禁止規定における「不公正な取引方法を用いる場合」はこれまで適用されたことはなく、8条5号の「事業者に不公正な取引方法に該当する行為をさせるようにする」事業者団体の行為は、過去に適用されたことがあるが、最近では適用されることはなくなっていること、6条の

---

*12　村上・独占禁止法138頁。詳しい解説として、村上政博『国際標準の競争法へ──独占禁止法の最前線』（弘文堂・2013年）384頁〜389頁。

「不公正な取引方法に該当する事項を内容とする」国際的契約等も、最近では6条そのものが適用されることはなくなっていることから、それらの「不公正な取引方法を用いる場合」などを廃止する意義は大きくない。文字どおり不要な規定が廃止されることを意味する。なお、6条についてはこの機会に全面的に廃止することが相当である。

　しかし、22条但書における協同組合の適用除外の例外のうち「不公正な取引方法を用いる場合」を廃止することは22条但書を妥当な規定内容とし、22条全体を妥当な規定内容にする。

　22条但書の「不公正な取引方法を用いる場合」がなくなると、土佐あき農業協同組合事件東京高裁判決における「協同組合が、事業者として、他の事業者に不公正な取引方法に該当する行為を行うときに独占禁止法19条がストレートに適用され、協同組合が共同事業を行うに当たって、組合員に対して利用強制を行うときには独占禁止法22条但書が適用される」という判旨はその効力を失う。村上・独占禁止法で、22条但書の「不公正な取引方法を用いる場合」は、協同組合の当該行為が適用除外を受けるのであれば、19条の適用も除外されるのであって、論理矛盾を生じるその存在自体が誤ったもので、不要な規定であると解説しているとおりである。

IV　不正競争法的運用の消滅

1　自由競争減殺型の不公正な取引方法の不正競争法的運用の意味

　不公正な取引方法の禁止について、公正競争阻害性の性格を3分類する以前には、極めて低段階の違法性水準で足り、競争制限的性格を有する行為自体を禁止するという不正競争法的なものととらえる考え方が採用されていた。一定の取引分野の画定を要件とはせず、単一違反行為を過度に細分化して、当該行為の競争制限的性格自体を規制論拠とし、過度の細分化された当該行為をそれぞれ一般指定何号に該当するとして取りやめさせるという、不公正な取引方法の不正競争法的運用といわれるものである。

　その結果、過去には、排除行為に該当する単一違反行為を細分化してそれぞれ一般指定何項に該当するという法適用、相互拘束（行為類型としてのカルテル、

共同の取引拒絶、垂直的価格制限）に該当する単一違反行為を細分化してそれぞれ一般指定何項に該当するという法適用が行われた。特に、相互拘束事例では違反本体とその実効性確保手段を分けて法適用することが行われた。

　自由競争減殺型の不公正な取引方法の禁止行為は、私的独占や不当な取引制限と一体として法適用させるものであり、市場における競争制限効果を問題とすることが相当であって、単一の違反行為、単一の契約（合意）についてその一部の行為や特定の契約条項を全体から切り離して自由競争減殺型の不公正な取引方法の禁止行為に該当すると適用することは許されない。

　公取委もそのような法運用はすでにやめている。この点は、事件処理を通じる判例法としてほぼ確立している。ただし、公取委がそのような法運用をやめる旨宣言したわけではなく、ガイドラインには未だそのような取扱いが残っている。

　拘束条件付取引などの自由競争減殺型の不公正な取引方法の禁止行為をすべて廃止することは、上記のような不公正な取引方法の不正競争法的な法適用・法運用を完全に封じることになる。

2　事件処理による判例法

　自由競争減殺型の不公正な取引方法について、単一違反行為を細分化した行為に分けてその細分化した行為ごとに一般指定何項に該当するとしたうえで、その行為をやめるように命じるという不正競争法的運用が行われたのは次の事例である。

　単独行為規制においては、排除型単独行為の場合の、複合行為といわれる取扱いに、不公正な取引方法の不正競争法的法適用・法運用がみられる。

　複合行為とは、単一排除行為（行為類型としての一連の行為）に該当する行為について多数の細分化した行為に分けたうえでそれぞれの行為が一般指定何項に該当すると法適用することをいう。その典型例が、神奈川県生コンクリート事件勧告審決（平成2（1990）年2月15日）と全国農業協同組合事件勧告審決（平成2（1990）年2月20日）である。さすがに、今日では複合行為といわれるような法適用はみられなくなっている。

　自由競争減殺型の不公正な取引方法の廃止後は、これらの違反行為はすべて

私的独占の排除行為または支配行為に該当する単一違反行為として事件処理がなされる。

　共同行為規制については、カルテル、共同の取引拒絶および垂直的価格制限において、不公正な取引方法の不正競争法的法適用・法運用がみられる。

　カルテルの場合、カルテルの実効性確保手段をそれ単独で差別対価に該当するとした東洋リノリューム事件勧告審決（昭和55（1980）年2月7日）が典型例である*13。

　共同の取引拒絶の場合、単一行為について2つの行為に分けて排他条件付取引とその他の取引拒絶に該当するとした千葉新聞不買事件東京高裁判決（昭和30（1955）年4月6日）と、単一行為について2つの行為に分けて共同の取引拒絶とその他の取引拒絶に該当するとしたロックマン工法事件勧告審決（平成12（2000）年10月31日）がその事例となる*14。

　垂直的価格制限の場合には、以下のとおり極めて多数の事件において不公正な取引方法の不正競争法的な法適用がなされた*15。

①実効性確保手段である一店一帳合制を独立して拘束条件付取引に該当するとした白元事件勧告審決（昭和51（1976）年10月8日）

②実効性確保手段である販売地域に関する制限について単独で拘束条件付取引に該当するとした富士写真フイルム事件勧告審決（昭和56（1981）年5月11日）

③実効性確保手段である仲間取引の禁止を独立して拘束条件付取引に該当するとした而至歯科工業事件勧告審決（昭和62（1987）年8月11日）

④実効性確保手段である他の販売業者への転売の禁止を独立して拘束条件付取引に該当するとしたエーザイ事件勧告審決（平成3（1991）年8月5日）

⑤実効性確保手段である横流し禁止を独立して拘束条件付取引に該当するとしたソニー・コンピュータエンタテインメント事件審判審決（平成13（2001）年8月1日）

　公取委は、現在では、垂直的価格制限について、その実効性確保手段も再販

＊13　村上政博『独占禁止法の新たな地平——国際標準の競争法制へ』（弘文堂・2019年）67頁。

＊14　村上政博『独占禁止法の新たな地平Ⅱ——国際標準の競争法制へ』（弘文堂・2020年）78頁～82頁。

＊15　村上・前掲＊13 98頁～102頁。

売価格の拘束行為に含めると解しており、当該行為が再販売価格の拘束に該当するともに、その実効性確保手段について拘束条件付取引等に該当すると認定することはなくなっている。

このほか、本来は垂直的価格制限（再販売価格の拘束）に該当する行為について、いわば実施行為のみを取り上げた事件処理として、代理店等に対して廉売を行う小売業者に同社製品の販売を拒絶させるという実施行為をその他の取引拒絶に該当するとした松下電器産業事件勧告審決（平成13 (2001) 年7月27日）がある*16。

このように、事件処理において、単一違反行為を過度に細分化し、その細分化した行為ごとに一般指定何項に該当すると認定する、不公正な取引方法の不正競争法的法適用は2000年ころを最後になくなっている。自由競争減殺型の不公正な取引方法の公正競争阻害性は、一定の取引分野における競争の実質的制限と同じものとなり、自由競争減殺型の不公正な取引方法の個別禁止行為に係る事案でも一定の取引分野を画定して、その市場における競争制限効果の立証が求められることの当然の結果である。

不公正な取引方法の不正競争法的適用のもとで、極めて細分化された違反事実について不公正な取引方法の禁止行為に該当するとした結論・法適用に合わせてルールを構築することは、行為類型ごとのルールについて誤ったルールを形成することになった。とりわけ、垂直的非価格制限については、2000年代まで、垂直的価格制限の実効性確保手段を独立して拘束条件付取引に該当するとした事例によって、取引先制限や販売地域制限についても厳しく規制するルールが成立しているかのごとき誤解を与えることになった*17。

今日では、判例分析の結果、垂直的非価格制限がそれ単独で独占禁止法に違反するとした先例、すなわち、公正競争阻害性について「価格維持効果が生じる場合」を充足し拘束条件付取引に該当するとした先例は1件も存在しないこと、さらには垂直的非価格制限について原則合法型のルールが設定されることが明らかになっている。

自由競争減殺型の不公正な取引方法の廃止後は、カルテル、共同の取引拒絶、

---

*16　村上・前掲*14 35頁～37頁。
*17　村上政博『独占禁止法』（弘文堂・1996年）159頁～163頁参照。

垂直的価格制限については、すべて不当な取引制限の相互拘束に該当する単一違反行為として事件処理される。特に、垂直的価格制限に該当する行為については、それらの行為はすべて単一の垂直的価格制限行為として不当な取引制限の相互拘束に該当して、排除措置において、当該価格維持行為をやめることとともに、拘束条件付取引に該当するとされた実効性担保手段もやめるように命じられる。

3 ガイドラインにおける取扱い

ところが、業務提携に係るガイドラインには未だ不正競争法的法適用・法運用が残っている*18。

代表例が「共同研究開発に関する独占禁止法上の指針」（平成29（2017）年6月16日）である。

「共同研究開発に関する独占禁止法上の指針」は、共同研究開発契約は、①参加者の数、市場占有率等、②研究の性格（基礎研究、応用研究、開発研究等）、③共同化の必要性、④対象範囲、期間等を総合判断して、相互拘束によって技術市場または製品市場における競争を実質的に制限することを充足して不当な取引制限に該当するか否かが判断されるとしている。

同指針は、研究開発の共同化が独占禁止法上問題とならない場合であっても、共同研究開発の実施に伴う取決めによって、参加者の事業活動を不当に拘束し公正な競争を阻害するおそれがある場合には、その取決めは不公正な取引方法に該当するとしているが、その部分は不要である。共同研究開発の実施に関する事項、共同研究開発の成果である技術に関する事項、共同研究開発の成果である技術を利用した製品に関する事項に係る共同研究開発の実施に伴う（付随する）取決めをいかに取り扱うかは、不当な取引制限に該当する場合の排除措置（競争を実質的に制限することとならないための措置・対応策）の問題である。

すなわち、その共同研究開発が競争制限効果をもたらす場合に、当該共同研究開発を禁止するか、共同研究開発の実施に伴う取決めに含まれる具体的な個別条項について修正、削除等を命じて許容すべきか否かは排除措置の問題であ

---

*18 村上・前掲*13 277頁～278頁。

って、いちいち、共同研究開発の実施としての取決めとしての具体的な個別条項について不公正な取引方法何項に該当するかを認定する必要はない。

　共同研究開発については、それが競争制限効果をもたらす場合でも、競争促進、効率の達成などの正当化事由があるため、当該共同研究開発を禁止することまでは必要でなく、様々な条件を付けて許容される。したがって、実施に伴う取決めは排除措置や問題解消措置の内容となるものであって、共同研究開発の実施に伴う個別取決めについて不公正な取引方法に該当するか否かを判断する必要はない。

　なお、以前は同様に批判してきた「標準化に伴うパテントプールの形成等に関する独占禁止法上の考え方」（平成19 (2007) 年9月28日）については、現在では、参考事例を含めて私的独占と不当な取引制限により規制することになっており問題はなくなっている。

第**4**章

主要ガイドラインの改訂方針とあるべき内容

Ⅰ　ガイドラインの在り方

1　対象ガイドラインとガイドライン改訂の方向性

　ここでは、独占禁止法の主要現行ガイドラインについて、その問題点を確認して、あるべき姿を探る。もっとも、次回改正が実現すると、あるべき基本体系に合致した、ガイドラインの全面的な再編成と全面改訂が実現する。

　対象となる現行ガイドラインは、「知的財産の利用に関する独占禁止法上の指針（平成28（2016）年1月21日）」（以下、知的財産ガイドラインという）、「排除型私的独占に係る独占禁止法上の指針（平成21（2009）年10月28日）」（以下、排除型私的独占ガイドラインという）、「流通・取引慣行に関する独占禁止法上の指針（平成29（2017）年6月16日）」（以下、流通・取引慣行ガイドラインという）、「優越的地位の濫用に関する独占禁止法上の考え方（平成29（2017）年6月16日）」（以下、優越的地位の濫用ガイドラインという）、「農業協同組合の活動に関する独占禁止法上の指針（平成30（2018）年12月27日）」（以下、農業協同組合ガイドラインという）の5つである。

　このほか、主要ガイドラインとして、「企業結合審査に関する独占禁止法の運用指針」（令和元（2019）年12月17日）（企業結合ガイドライン）が存在するが、基本体系上の位置付けおよび内容に問題もないため本章では取り上げない。

　現在独占禁止法の実体法は、1980年代前半に完成した、2段階の二重規制構造という日本独自の旧基本体系から、行為類型ごとの単一ルールを前提とする国際標準の競争法の基本体系（新基本体系）に移行している。

　そこで、まず、新基本体系に照らして現行ガイドラインの問題点を解説する。さらに、今後、次回改正において、自由競争減殺型の不公正な取引方法の廃止が課題であるため、自由競争減殺型の不公正な取引方法の廃止後のあるべきガイドラインについて検討する。自由競争減殺型の不公正な取引方法を廃止しないと、国際標準かつ明快なガイドラインは作成できない。

2　ガイドラインの在り方および判例法との関係

　ガイドラインは、本来は欧州委員会の作成するEU競争法のガイドラインのように、有効期限を定めて、10年間ごとに改訂することが望ましい。さもないと、経済法のような変化の早い分野では法的効力を失った古い内容のガイドラインが残存することとなる。

　ガイドラインと判例法との関係は、明白に判例法がガイドラインに優先する。判例法に反するガイドラインの内容、判例法に抵触する部分は、法の一般原則に従い、自動的にその法的効力を失う。ただし、個々の判例については、どのガイドラインのどの部分が効力を失うかは判示されないため、この点は解釈によって決めざるを得ない。

　例外的に、競争当局が陳腐化してすでに効力を失った判例法を変更する目的で新規にガイドラインを作成する場合には、そのガイドラインはむしろ判例法に優先する。

　したがって、法改正により自由競争減殺型の不公正な取引方法を廃止する以前であっても、判例法上、事後規制における行為類型ごとの単一ルールが判例法として実現し、2段階の二重規制構造は完全に否定されている。現行ガイドラインの多くは、旧基本体系を前提としているため、現時点でも、その効力を失っているものや、その効力に疑問が持たれるものが多い*1。

---

　*1　すでに法的効力を失ったと評価されるガイドラインが残存していることが、今日でも自由競争減殺型の不公正な取引方法の公正競争阻害性が、競争の実質的制限よりも低い水準の違法性基準であるととらえられる主たる原因となる。

3　自由競争減殺型の不公正な取引方法の廃止の効果――新基本体系に沿った ガイドライン再構築の基本的方針

　自由競争減殺型の不公正な取引方法を廃止すること、すなわち、自由競争減殺型の不公正な取引方法がなくなることの法的効果は、2段階の二重規制構造を法制的に解消し、競争法体系上の単独行為規制と共同行為規制の行為類型に該当する行為、要するに市場における競争制限効果を問題とする行為については、私的独占の禁止と不当な取引制限の禁止により一元的に規律することになる。これまで判例法として解釈論で実現していた行為類型ごとの単一ルールが法制上も明確になる。単独行為と共同行為に該当する行為に係るガイドラインについても、私的独占の禁止と不当な取引制限により一元的に規律されるという内容になる。このことは、知的財産ガイドライン、排除型私的独占ガイドライン、流通・取引慣行ガイドラインに直接的な影響を与える。

　いずれにせよ、自由競争減殺型の不公正な取引方法を廃止すると、現行ガイドラインは国際標準の基本体系に沿って、かつ判例法に合致するように、大幅に再編成することが必要になる。

　知的財産ガイドラインは、知的財産権の行使行為に係る独占禁止法上のすべての規制が関係する。知的財産権の行使行為は、独占禁止法のすべての規制（単独行為規制、共同行為規制、企業結合規制、日本固有の規制）の対象となる。現行ガイドラインは旧基本体系に沿ったものであり、新基本体系に合致するように全面的に変更される。

　流通・取引慣行ガイドラインは、不当な取引制限による共同行為（水平的制限と垂直的制限）ガイドラインまたは垂直的制限ガイドラインとなる。今日歴史的役割を終えた取引慣行および総代理店に係る部分は判例法に任せて廃止して、不当な取引制限による垂直的制限ガイドラインを作成することが相当である。すでに、判例法上、行為類型ごとの単一ルールは確立しているため、不当な取引制限による垂直的制限ガイドラインでも、内容的には、これまでの自由競争減殺型の不公正な取引方法による垂直的制限ガイドラインと大きな差異は生じない。

　排除型私的独占ガイドラインは、排除行為と一定の取引分野における競争の実質的制限についてあるべき解釈を採用したうえで、現行の自由競争減殺型の

不公正な取引方法に係る事例を含める形で、排除型単独行為のガイドラインとなる。

　優越的地位の濫用規制は、市場における競争制限効果を問題とする単独行為規制、共同行為規制とは別物である。優越的地位の濫用ガイドラインは、自由競争減殺型の不公正な取引方法の廃止の影響を受けず、甲と乙の二当事者の関係性に基づく、日本固有の規制である民事上の規制として独自のガイドラインとなる。ただし、優越的地位の濫用規制は他の規制領域（知的財産ガイドラインおよび協同組合の活動と適用除外に係るガイドライン）にも関係しているため、優越的地位の濫用ガイドラインに優越的地位の濫用規制をすべて取り込む包括的なものとすることはできない。

　他方、現行農業協同組合ガイドラインは、農業協同組合のみを対象として、独占禁止法の不公正な取引方法の禁止のみを取り上げるという、協同組合の活動についての独占禁止法による規制からの適用除外に係るガイドラインとして完全に誤ったものであり、現時点でも廃止すべきである。新規に、すべての協同組合の活動を対象とし、独占禁止法上のすべての規制を勘案する、協同組合の活動と適用除外に係るガイドラインを作成することが相当である。

II　知的財産ガイドライン

1　知的財産の行使行為（特にライセンス）に係る過去のガイドラインの悪影響

　現行知的財産ガイドラインは、ライセンス規制を重視した過去のガイドラインの悪影響を受けている。

　昭和46（1971）年6月から平成9（1997）年3月まで、旧6条2項に基づく「国際的協定又は国際的契約の届出に関する規則」（昭和46年公取委規則第1号）による国際的契約の届出を受けて国際的契約の審査が行われた[2]。公取委は、届け出された国際的技術導入契約について、その契約における不公正な条項の削除または修正を求めるという日本特有の行政指導による独占禁止行政を実施

---

　*2　その当時の国際的契約の審査制度および実態については、村上政博『特許ライセンスの日米比較』（弘文堂・1990年）「第2節 日本におけるライセンス規制」154頁〜173頁参照。

した。この審査基準として、「国際的技術導入契約に関する認定基準」（昭和43
（1968）年5月）および「特許・ノウハウライセンス契約における不公正な取引
方法の規制に関する運用基準」（平成元（1989）年2月15日）が作成された。

　さらにその後改訂版として「特許・ノウハウライセンス契約に関する独占禁
止法上の指針」（平成11（1999）年7月30日）が作成された[*3]。

　国際的契約の届出・審査制度や上記認定基準・運用基準が廃止されてかなり
の時間を経過した。しかし、現行知的財産ガイドラインは未だその悪影響を受
けている。とくに、「第4 不公正な取引方法の観点からの考え方」のうち、「3
技術の利用範囲を制限する行為」、「4 技術の利用に関し制限を課す行為」、
「5 その他の制限を課す行為」の部分は、ライセンス契約やライセンス契約上
の制限条項を問題とした、上記認定基準や運用基準における考え方やルールを
そのまま踏襲している。例えば、現行ガイドラインでも、ライセンス契約上の
制限条項について、独占禁止法上「問題となる制限」、「問題となり得る制限」
を記載することにとどまらず、「原則として不公正な取引方法に該当しない」
との記述がみられる。「原則として不公正な取引方法に該当しない」制限につ
いては、当然に許容されるものであり、ガイドラインに記載する必要はない。

　知的財産ガイドラインについては、基本体系を新基本体系に合致したものに
変更するだけでなく、いわゆるライセンス規制を偏重した過去の認定基準等か
らくる悪影響を取り除くことが課題となる。

2　基本的な考え方──旧基本体系から新基本体系への移行

　知的財産ガイドラインは、いわば規制横断的なものであり、すべての独占禁
止法上の規制に関連する。

　現行知的財産ガイドラインは、「第1 はじめに」、「第2 独占禁止法の適用に
関する基本的な考え方」、「第3 私的独占及び不当な取引制限の観点からの考
え方」、「第4 不公正な取引方法の観点からの考え方」から成り、過去の2段
階の二重規制構造、旧基本体系に従うものである。

　したがって、新基本体系に合わせて、①事後規制として、私的独占の観点か

---

*3　上記認定基準、運用基準、指針の内容については、村上政博・淺見節子『特許・ライセンスの
　日米比較〔第4版〕』（弘文堂・2004年）参照。

らおよび不当な取引制限の観点から、②企業結合規制の観点から、③日本固有の規制として、優越的地位の濫用という観点からおよび不正競争行為という観点からに分けて構成することが相当である。あるべき知的財産ガイドラインでは、不公正な取引方法の観点から解説している部分は、日本固有の規制として整理されて、自由競争減殺型の不公正な取引方法の観点からの部分は全面的に削除される*4。

　最終的に、村上・独占禁止法〔第10版〕「第2章 第16節 知的財産権の行使との調整」のように現行判例法を整理するものとなる。

3　私的独占の観点から

　私的独占の観点からの検討は、「(1)技術を利用させないようにする行為」、「(2)技術の利用範囲を制限する行為」、「(3)技術の利用に条件を付す行為」から成る。基本的に単独行為規制に当たる。

　本来は単独行為規制に該当するのであって、「(1)技術を利用させないようにする行為」が中心となり、基本特許権についてのライセンスの一方的拒絶、標準規格となった特許権のライセンスの一方的拒絶、パテントプール管理会社によるライセンスの拒絶等が問題となる。

　「(2)技術の利用範囲を制限する行為」は特段記載する必要があるとも考えられず、「(3)技術の利用に条件を付す行為」は、基本技術を有する事業者によるマルティプルライセンスとして取り上げることが相当な行為である。

4　不当な取引制限の観点から

　不当な取引制限の観点からの検討は、「(1)パテントプール」、「(2)マルティプルライセンス」、「(3)クロスライセンス」から成る。本来は、水平的制限規制として、カルテルの禁止、共同の取引拒絶、業務提携という観点から規制される。

　「(1)パテントプール」への対応が中心となる。「(3)クロスライセンス」については極めて例外的な場合に違法となる。「(2)マルティプルライセンス」は、基

---

*4　村上政博『独占禁止法の新たな地平Ⅱ』(弘文堂・2020年) 64頁〜70頁。

本技術について多数のライセンシーに対して同一制限条項付きでライセンスを行う行為をいい、私的独占および不当な取引制限の双方に該当する行為となる。マルティプルライセンスについては、不公正な取引方法の拘束条件付取引に該当するか否かでなく、一定の取引分野における競争の実質的制限に該当するか否かが検討される。

5　不公正な取引方法の観点から

　不公正な取引方法の観点からの考え方は、「1　基本的な考え方」、「2　技術を利用させないようにする行為」、「3　技術の利用範囲を制限する行為」、「4　技術の利用に関し制限を課す行為」、「5　その他の制限を課す行為」から成る。

　「1　基本的な考え方」において、「競争減殺効果の分析方法」のほかに、①競争手段として不当かどうかという観点から、自らの有する権利が無効であることを知りながら差止請求訴訟を提起することによって妨害する行為等を分析し、②自由競争基盤の侵害となるかどうかという観点から、主としてライセンサーの取引上の地位がライセンシーに対して優越している場合における不当な不利益条件を課す行為を分析するとしている。公正競争阻害性について、自由競争減殺型、不公正な競争手段型、自由競争基盤侵害型の3分類法を採用している。

　自由競争減殺型、競争減殺効果に関する部分は、不公正な取引方法の観点からは削除して、私的独占の観点からおよび不当な取引制限の観点からに一体化して記述することが相当である。

　「2　技術を利用させないようにする行為」のうち、ライセンスの実施許諾の拒絶やFRAND宣言をした者が誠実にライセンス交渉をする義務に応じない行為を取り上げている部分は、単独行為規制として私的独占の観点から取り上げるべきものである。

　「3　技術の利用範囲を制限する行為」、「4　技術の利用に関し制限を課す行為」、「5　その他の制限を課す行為」の部分は、主として、公正競争阻害性が自由競争基盤侵害型である、優越的地位の濫用によるライセンス契約やライセンス契約上の制限条項を問題とするものである。

　「3　技術の利用範囲を制限する行為」、「4　技術の利用に関し制限を課す行

為」、「5 その他の制限を課す行為」の部分は、基本的にライセンス契約上の制限条項を取り上げており、3つに分ける意義は乏しい。独占禁止法上は、優越的地位の濫用規制としてライセンス契約についての契約規制的な観点から取り上げることが相当である。

「3 技術の利用範囲を制限する行為」を中心に、権利の一部の許諾、製造に係る制限、輸出に係る制限、サブライセンス等について「原則として不公正な取引方法に該当しない」と記載している。この部分は特許権の行使行為として当然に許容される内容というべきもので、記載する必要もない。

「問題となる行為」、「問題となり得る行為」として整理している、今日の優越的地位の濫用の契約規制的な取扱いとも合致していない。まさに、国際的技術導入契約についての認定基準、運用基準をそのまま引き継いだ欠陥である。

「4 技術の利用に関し制限を課す行為」のうち、販売価格、再販売価格の制限、販売に関する制限については、不当な取引制限に該当する垂直的制限として分類するか、制限条項として優越的地位の濫用の観点から取り上げるかという問題がある。体系上は、「価格維持効果がある場合」に違法になるという、垂直的制限規制の観点から整理することが相当である。

あとは、特許技術のライセンスに特有な制限条項としてどの条項を取り上げていくべきかが検討課題となる。代表的なライセンス契約上問題となり得る制限条項としては、伝統的に、①競合品取扱い制限条項、②グラントバック条項（改良技術の取扱い条項）、③不争条項・非係争条項等が挙げられる。さらに、ライセンス契約上の制限条項に係るルールをどこまで細かく記載していくべきかが大きな課題となる。

また、日本固有の規制の不正競争行為として、無効な特許権やFRAND宣言をした特許権に基づく訴訟提起等を、競争者に対する取引妨害に該当するとして例示することが考えられる。そのほか、並行輸入不当妨害行為については、真正商品の輸入は国内商標権を侵害しないなどのルール形成において、商標権の出所識別機能や品質保証機能と密接に関係するため、不正競争行為として列挙することが考えられる。

III　流通・取引慣行ガイドライン

1　作成の経緯

　1989 年から開始された日米構造問題協議では、日本の業界におけるカルテル体質・談合体質と、メーカーを中核とする垂直的な流通系列と生産系列の改善が独占禁止法上の課題とされた。

　平成 3 (1991) 年 7 月 11 日に公表した「流通・取引慣行に関する独占禁止法上の指針」は、日米構造問題協議を受けて、日本企業の談合体質や流通系列と生産系列という系列取引が外国企業にとって日本市場参入を妨げるものであるという批判を受けて、共同ボイコット、競争品の取扱い制限、相互取引など外国企業・外国商品の市場参入を困難にする行為類型を重点的に取り上げたうえ、市場占有率 10% 以上若しくは上位 3 位以内の有力事業者が系列化することは違法の可能性が大きいとするなど、その当時の判例法に照らしても厳格な違法性基準を設定したものである*5。今日では、日本市場への参入障壁となる、米国や欧州の取引慣行とは異なる日本特有の取引慣行が存在し、それを是正して外国企業・外国商品の日本市場へのアクセスを促進するという「流通・取引慣行に関する独占禁止法上の指針」の役割は終わっている。

　「『取引慣行』に関するガイドライン」自体が体系上不明確なものであり、今日特段作成する必要はなく、顧客獲得競争、共同ボイコット、単独の直接取引拒絶については、カルテル、共同の取引拒絶、単独の取引拒絶に係る現行判例法が直接適用される。現行の流通・取引慣行ガイドラインは、当初の「流通・取引慣行に関する独占禁止法上の指針」と比べて、全体の構成では、「第 1 部　取引先事業者の事業活動に対する制限」が中心となって、「第 2 部　取引先の選択」、「第 3 部　総代理店」は比重が低下し、頁数が大幅に減少している。さらに、市場における有力な事業者基準について、当初の「市場占有率 10% 以上若しくは上位 3 位以内」は廃止されて、市場占有率 20% 超に変更されている。

　流通・取引慣行のなかで、垂直的制限を意味する第 1 部の流通部分は、①垂

＊5　山田昭雄ほか編著『流通・取引慣行に関する独占禁止法ガイドライン』（商事法務研究会・1991 年）。

直的非価格制限については、資生堂東京販売事件最高裁判決を受けて、選択的
流通制度を認めるなど、②垂直的価格制限部分については、リージン事件米国
最高裁判決を受けて再販売価格の拘束における「正当な理由」を拡充するなど、
緩和の方向で改訂が行われてきた[6]。

　流通・取引慣行ガイドラインは、廃止したうえ、不当な取引制限の禁止に基
づく、垂直的制限規制の基本的ガイドラインとして「垂直的制限に関する独占
禁止法上の指針」を作成することが相当である。

　すでに、現行ガイドラインでも、垂直的価格制限は原則違法、垂直的非価格
制限が原則合法というルールが基本的に採用されている。そのため、不当な取
引制限による垂直的制限ガイドラインである「垂直的制限に関する独占禁止法
上の指針」は、これまでの自由競争減殺型の不公正な取引方法による垂直的制
限ガイドラインと内容的に大差ないものとなる。

　ガイドラインとしては、事前相談に対応するために「業務提携に関する独占
禁止法上の指針」などを制定するか否かが今後の課題として残る[7]。

2　第2部および第3部の廃止

　流通・取引慣行ガイドラインは、「第1部 取引先事業者の事業活動に対する
制限」（「第1 再販売価格維持行為」、「第2 非価格制限行為」、「第3 リベートの供与」
から成り、垂直的制限を対象とする）、「第2部 取引先の選択」（「第1 顧客獲得競争
の制限」、「第2 共同ボイコット」、「第3 単独の直接取引拒絶」から成る）、「第3部
総代理店」（「第1 総代理店契約の中で規定される主要な事項」、「第2 並行輸入の不当
阻害」から成る）で構成される。このうち、「第2部 取引先の選択」、「第3部
総代理店」は現在では不要であると評価される。

　第2部については、現行判例法がそのまま適用される。「第1 顧客獲得競争
の制限」は、市場分割協定、相互不可侵協定を中心としたカルテルの禁止、
「第2 共同ボイコット」は、共同の取引拒絶、「第3 単独の直接取引拒絶」は、
単独の直接取引拒絶が適用される。

＊6　佐久間正哉編著『流通・取引慣行ガイドライン』（商事法務・2018年）。
＊7　村上政博「自由競争減殺型の不公正な取引方法廃止後におけるガイドライン再編成」国際商事
　　法務51巻2号（2023年）193頁参照。

　第3部については、「第1 総代理店契約の中で規定される主要な事項」は、輸入総代理店契約に関する認定基準（すでに廃止された）の内容が記載されており、今日では垂直的制限に関する考え方を適用することで足りる。「第2 並行輸入の不当阻害」は日本固有の規制である不正競争行為に属するものである。日本の輸入総代理店が違反行為主体となることも多いが、並行輸入は、真正商品の輸入は国内商標権の侵害を意味しないなど商標権との関連性が強く、むしろ、知的財産ガイドラインの日本固有の規制の不正競争行為の1つとして取り上げることが相当である。

3　第1部の全面改訂

　「第1部 取引先事業者の事業活動に対する制限」が垂直的制限ガイドラインとして意味を持つものとなる。第1部は、総論的部分であり、「1 対象範囲」、「2 垂直的制限行為が競争に及ぼす影響についての基本的な考え方」、「3 垂直的制限行為に係る適法・違法性判断基準」、から成る。それに、「第1 再販売価格維持行為」「第2 非価格制限行為」「第3 リベートの供与」が続く。このうち、「第3 リベートの供与」は、独立した行為類型には当たらず、垂直的制限の実効性確保手段として取り扱うことが相当である。

　「第2 非価格制限行為」のうち、「2 自己の競争者との取引等の制限」、「7 抱き合わせ販売」について「市場閉鎖効果が生じる場合」に不公正な取引方法に該当するとしている。「2 自己の競争者との取引等の制限」、「7 抱き合わせ販売」は、今日の基本体系との関係では、排他的取引、抱き合わせとして、単独行為規制で取り上げることが相当である。

　現行ガイドラインは、垂直的非価格制限について、不公正な取引方法の「再販売価格の拘束」、「拘束条件付取引」、「排他的条件付取引」、「取引条件等の差別取扱い」などに該当する行為として整理している。そのため、ルールの異なる垂直的価格制限と垂直的非価格制限の区別が明確になっていない。さらに、不公正な取引方法による規制では、再販売価格の拘束、拘束条件付取引のほかにも、その他の取引拒絶や優越的地位の濫用にも該当するかを問題としているため、適用法条が複雑となり、不必要な議論を持ち込んでいる。

　垂直的制限は、不当な取引制限の相互拘束に該当するとして、不当な取引制

限に該当するか否かが問題となる。垂直的制限の行為類型としては、不要な取引制限の禁止に基づき、原則違法型の垂直的価格制限と原則合法型の垂直的非価格制限に分けてルールを書き分けることが相当である。

4　垂直的価格制限

流通・取引慣行ガイドラインの「第1 再販売価格維持行為」は、「1 考え方」、「2 再販売価格の拘束」、「3 流通調査」から成る。

不当な取引制限を適用する場合には、単一の再販売価格維持行為を細分化する必要はなく、これまでのように不公正な取引方法の何項というように多くの適用法条を使い分ける必要はない。

垂直的価格制限について、相互拘束に該当する価格維持行為は「価格維持効果が生じる場合」に当たると推定される。

垂直的非価格制限に含めている、「2 自己の競争者との取引等の制限」における、安売業者への販売禁止は、その目的から判断して垂直的価格制限に含まれる。

5　垂直的非価格制限

流通・取引慣行ガイドラインの「第2 非価格制限行為」は、「1 考え方」「2 自己の競争者との取引等の制限」、「3 販売地域に関する制限」、「4 流通業者の取引先に関する制限」、「5 選択的流通」、「6 小売業者の販売方法に関する制限」、「7 抱き合わせ販売」から成る。

このうち、「3 販売地域に関する制限」、「4 流通業者の取引先に関する制限」、「5 選択的流通」、「6 小売業者の販売方法に関する制限」が垂直的非価格制限にあたり、「価格維持効果が生じる場合」に不公正な取引方法の一般指定に該当し得るとしている[8]。

「3 販売地域に関する制限」、「4 流通業者の取引先に関する制限」、「5 選択的流通」、「6 小売業者の販売方法に関する制限」について、不当な取引制限を適用したうえで、不当な取引制限の相互拘束に該当し、「価格維持効果が

---

[8]　選択的流通についても、販売方法に関する制限の1 行為態様として「価格維持効果が生じる場合」は問題となる。

生じる場合」に、一定の取引分野のおける競争の実質的制限を充足すると構成することになる。

　不公正な取引方法を適用する場合のように、単一行為を細分化する必要もなくなるため、これまでのように不公正な取引方法の何項というように適用法条を使い分ける必要はなくなる。

　なお、「市場における有力な事業者」基準として、「市場におけるシェアが20％ を超えることが一応の目安となる。」としているが、「市場における有力な事業者」概念は、不要である。行為者の市場占有率とその程度は垂直的制限が違法になるか否かについて主要考慮要素となるが、市場支配力の程度の認定においても、競合品の強弱、参入障壁の程度、相手方の対抗的な交渉力が判断要素となるうえ、当該垂直的制限が違法となるか否かについては、主観的意図、多様な正当化事由も判断要素となる。したがって、市場占有率が 40％ 超と20％ 超で二分するような基準は採用できない。要するに、当該行為者の市場占有率が 30％ ないし 40％ 超である当該行為者の行為が垂直的制限規制の規制対象となる。

　なお、垂直的非価格制限についての販売地域に関する制限、取引先に関する制限、販売方法に関する制限に関する現行ルールにはそれほど問題はない。そこで、垂直的制限についてのガイドラインは、不当な取引制限による場合でも、現行ガイドラインとそれほど異ならないものとなる。ただし、選択的流通制度と小売業者に対する販売方法の制限との差異について、選択的流通制度はメーカーが自らまた卸売業者に対する取引先小売業者を選別する基準としても働くためやや広めのルールであるが、ほとんど差異はない。

　また、垂直的非価格制限について、判例上それ単独で「価格維持効果が生じる場合」に該当するとした事例は存在しない。

IV　排除型私的独占ガイドライン

1　作成の経緯とその価値

　もともと、排除型私的独占ガイドラインは、2009 年改正により、排除型私的独占が課徴金の対象行為となったことから、その内容を明らかにするために

作成されたものである。

　排除型私的独占ガイドラインは、「はじめに」、「第1 公正取引委員会の執行方針」、「第2 排除行為」（「1 基本的考え方」、「2 商品を供給しなければ発生しない費用を下回る対価設定」、「3 排他的取引」、「4 抱き合わせ」、「5 供給拒絶・差別的取扱い」から成る）、「第3 一定の取引分野における競争を実質的に制限すること」（「1 一定の取引分野」、「2 競争の実質的制限」から成る）で構成される。

　このガイドラインは、2009年の公表時には、排除行為について国際標準の単独行為の行為類型を対象とするものであることを明らかにし、行為者の市場占有率の目安を50%超と大幅に引き下げるという高い価値を有するものであった。

　同ガイドラインは、排除行為について、「排除行為とは、他の事業者の事業活動の継続を困難にさせたり、新規参入者の事業開始を困難にさせたりする行為であって、一定の取引分野における競争を実質的に制限することにつながる様々な行為をいう。」とした。そして、競争者の事業活動の継続を困難にする、または新規参入を困難にする行為という妥当な解釈を採用した。

　また、排除行為の行為類型について、商品を供給しなければ発生しない費用を下回る価格設定、排他的取引、抱き合わせ、供給拒絶・差別的取扱い、一連かつ一体的な行為などというほぼ国際標準的な単独行為の行為類型の分類方法を採用した。それまでは、排除行為について単独行為の行為類型概念が導入されていないなかで、すべての対象行為を包含するように定義しようとしたため、意味不明な内容の定義がなされていた。

　同ガイドラインは、「行為開始後において行為者が供給する商品のシェアがおおむね2分の1を超える事案であって」として、排除型私的独占の事業者の市場占有率の目安は50%であるとした。これにより、排除型私的独占の事業者の市場占有率の目安を大幅に引き下げた。

2　排除型私的独占ガイドラインの誤り

　現行排除型私的独占ガイドラインには、今日からみて、2点大きな誤りがある。

　第1の誤りは、①排除行為の判断要素として、「商品に係る市場全体の状況」、

「行為者の市場における地位」、「競争者の市場における地位」、「行為の期間」「相手方の数・シェア」、「商品の取引額・数量」、「行為の態様」などという判断要素を列挙したうえで、②「排他的取引により、他に代わり得る取引先を容易に見いだすことができない競争者の事業活動を困難にさせる場合には、当該行為は排除行為となる。」「抱き合わせにより、従たる商品の市場において他に代わり得る取引先を容易に見いだすことができない競争者の事業活動を困難にさせる場合には、当該行為は排除行為になる。」「供給拒絶・差別的取扱いにより、川上市場において他に代わり得る供給者を容易に見い出すことができない供給先事業者（拒絶等を受けた供給先事業者）の川下市場における事業活動を困難にさせる場合には、当該行為は排除行為になる。」などとして、排除行為の範囲を大幅に（過度に）狭めていることである。

　第2の誤りは、「第3　一定の取引分野における競争を実質的に制限すること」において、競争の実質的制限について、「裁判例上、競争自体が減少して、特定の事業者又は事業者団体がその意思で、ある程度自由に、価格、品質、数量、その他各般の条件を左右することによって、市場を支配することができる状態を形成・維持・強化することをいうものと解される旨判示されている（東京高判平成21（2009）年5月29日）」としていることである。

　東日本電信電話会社事件東京高裁判決を引用した点はガイドライン作成時期の制約を受けたものである。マイナミ空港サービス事件東京地裁判決（令和2（2020）年）以降は、「市場を支配することができる状態」は不要であることが明確になっているうえ、「当該取引における市場が有する競争機能を損なうこと」が最も有力な定義となっている。

　現行ガイドラインの「一定の取引分野における競争を実質的に制限すること」の定義では、判断要素として、「行為者の地位及び競争者の状況」、「潜在的競争圧力」、「需要者の対抗的な交渉力」、「効率性」、「消費者利益の確保に関する特段の事情」を列挙するにとどめて、市場支配力とその程度のみを主たる要件としている。そのため、「一定の取引分野における競争を実質的に制限すること」をほぼ無内容なものとした。すなわち、同ガイドラインでは、「一定の取引分野における競争を実質的に制限すること」に該当するか否かを判断する際に判断要素となる、具体的な競争制限効果、行為者の意図、正当化事由を

勘案した行為類型ごとのルールを示していない。

　排除型私的独占ガイドラインは、現行法のもとでも、排除行為と一定の取引分野における競争の実質的制限の関係については、あるべき解釈に変更すべきである。

　排除行為は競争者の事業活動を困難にするまたは新規参入を困難にする行為を広く含む。排除行為の機能は、排除行為として、違反被疑行為を特定し、さらに違反被疑行為を単独行為の行為類型に分類するところにある。

　排除行為を特定した後に、競争が行われる場として一定の取引分野が画定される。一定の取引分野の画定後に、市場分析が行われて、行為者の市場支配力、主観的意図、具体的な競争制限効果、正当化事由などの様々な判断要素が総合評価されて、「一定の取引分野における競争を実質的に制限する」を充足するか否かが判断される。「一定の取引分野における競争を実質的に制限する」が行為類型ごとのルールを定める実質要件である。

3　排除型単独行為のガイドラインに

　「排除型私的独占に係る独占禁止法上の指針」は、行為類型ごとの単一ルールのもとで、自由競争減殺型の不公正な取引方法も含んだ形で、判例法に合わせて内容的にも拡充されて、排除型単独行為に関するガイドラインとなる。

　自由競争減殺型の不公正な取引方法の公正競争阻害性は、一定の取引分野における競争を実質的に制限することと同一であり、自由競争減殺型の不公正な取引方法に該当するとした判決審決例も具体例として組み込むことになる。したがって、行為類型ごとのルールも自由競争減殺型の不公正な取引方法に該当するとした事例を含める形で拡充される。

　要するに、村上・独占禁止法〔第10版〕第2章の「第2節 排他的取引」、「第3節 低価格設定」、「第4節 単独の取引拒絶」、「第5節 一連の行為と非定型行為」と同等の排除型単独行為に関するガイドラインとすべきである。

　自由競争減殺型の不公正な取引方法の廃止後は、「排除型私的独占に係る独占禁止法上の指針」は、当然のごとく、排除型単独行為に関する独占禁止法上の指針となる。

Ⅴ　優越的地位の濫用ガイドライン

1　作成の経緯とその構成

　もともと、優越的地位の濫用ガイドラインは、2009 年改正により、優越的地位の濫用が課徴金の対象行為となり、2 条 9 項 5 号に禁止行為を一部変更して規定したことから、その内容を明らかにするために作成されたものである。

　優越的地位の濫用ガイドラインは、「第 1 優越的地位の濫用規制についての基本的考え方」、「第 2『自己の取引上の地位が相手方に優越していることを利用して』の考え方」、「第 3『正常な商慣習に照らして不当に』の考え方」、「第 4 優越的地位の濫用となる行為類型」から成る。

　「第 1 優越的地位の濫用規制についての基本的考え方」は、「優越的地位の濫用として問題となる行為とは、「自己の取引上の地位が相手方に優越していることを利用して、正常な商慣習に照らして不当に」行われる、独占禁止法第 2 条第 9 項第 5 項イからハまでのいずれかに該当する行為である。」としている。したがって、2 条 9 項 5 号に該当する濫用行為と 2 条 9 項 5 号イからハまでのいずれかに該当する行為である不利益行為とを分けている。

　「第 2『自己の取引上の地位が相手方に優越していることを利用して』の考え方」として、「優越的地位」（自己の取引上の地位が相手方に優越していること）および「利用して」を要件として分けていない。優越的地位が、優越的地位という市場における地位・力があるのではなく、甲と乙という 1 対 1 の関係における関係性を意味することから、この取扱いが相当である。

　「第 3『正常な商慣習に照らして不当に』の考え方」は、一番重要な要件であるはずだが、何も書いていないのと同様な解説となっている。「正常な商慣習に照らして不当に」の該当性について、判断の枠組みやその判断要素を明らかにすることが課題である。

　「第 4 優越的地位の濫用となる行為類型」は、「正常な商慣習に照らして不当に」に該当するか否かを決定される対象となる、代表的な不利益行為を列挙している。

　不利益行為は、以下のように整理されているが、大規模小売業者に対する納

入取引に関する行為にほぼ限定されている。

1 　独占禁止法2条9項5号イ（購入・利用強制）

2 　独占禁止法2条9項5号ロ (1)協賛金等の負担の要請、(2)従業員等の派遣の要請、(3)その他経済上の利益の提供の要請

3 　独占禁止法2条9項5号ハ (1)受領拒否、(2)返品、(3)支払遅延、(4)減額、(5)その他取引の相手方に不利益となる取引条件の設定等（ア　取引の対価の一方的決定、イ　やり直しの要請、ウ　その他）

2　優越的地位の濫用規制の特質

　優越的地位の濫用規制は、日本独自の規制であるため、その基本的性格は長らく不明確なままであった。そのため、比較法的な分析も有効でなく学者間で意見が分かれることもやむを得なかった。

　今村成和教授は、正田彬教授の説を、社会法・労働法を基礎とし、両当事者間の取引上の地位の格差に基づく取引上の不公正を是正するという規制と位置付けた。このように、もともと民事上の規制であるとの位置付けが最も有力であった。この点は、優越的地位の濫用規制の公正競争阻害性について、自由競争基盤侵害型という名称を採用した1982年一般指定の改定によっても変わらない。

　その後、2003年（平成15年）から2009年（平成21年）までの間に、優越的地位の濫用規制として、大規模小売業者と納入業者との間の納入取引に対して排除措置命令が最も活発に適用された[9]。このときには、大規模小売業者による納入業者に対する三大不利益行為である押付け販売、手伝い店員派遣、協賛金支払は直ちに濫用行為に該当するという実務が採用された。

　このような状況のもと、2009年改正により、大規模小売業者の納入業者への優越的地位の濫用行為を対象として、優越的地位の濫用は直罰方式（第1回目の行為から適用される）の課徴金の対象行為とされた。なお、2009年改正で、不利益行為の例示行為として、下請法上の禁止行為を参考として、受領拒否、

---

*9　比較法的には、購買力の濫用の法理といわれたのは、米国反トラスト法上、1960年代の大規模小売業者に対する事件を踏まえたものである。村上政博『アメリカ独占禁止法〔第2版〕』（弘文堂・2002年）250頁～252頁参照。

返品、支払遅延、減額を明文で追加した。

　この時期に、優越的地位の濫用規制について、EU競争法上の搾取型濫用行為と同等の規制であるとの説も主張された。ただし、国際比較上は、ドイツ競争法の経済的従属関係の濫用の禁止が、市場支配的地位を有しない大規模小売業者を規制対象としようとする規制であることから最も近い規制であった。

　課徴金納付命令を伴うことになったことから、大規模小売業者と納入業者との間の納入取引に対する規制の在り方や優越的地位の濫用規制の本質などが東京高裁段階で争われることになった。そのため、2014年以降は、大規模小売業者と納入業者との間の納入取引に対して排除措置が命じられることはなくなっている。

3　現行優越的地位の濫用ガイドラインの致命的な欠陥

　現行優越的地位の濫用ガイドラインは、公取委による勧告審決、排除措置命令という行政事件のみを解説している。

　現行ガイドラインに記載された具体的事例10件について時系列で列挙すると、①平成10（1998）年7月30日勧告審決（ローソン）審決集45巻136頁、②平成16（2004）年11月18日勧告審決（カラカミ観光）審決集51巻531頁、③平成17（2005）年1月7日勧告審決（ユニー）審決集51巻543頁、④平成17（2005）年12月26日勧告審決（三井住友銀行）審決集52巻436頁、⑤平成20（2008）年5月23日排除措置命令（マルキョウ）審決集55巻671頁、⑥平成20（2008）年6月23日排除措置命令（エコス）審決集55巻684頁、⑦平成20（2008）年6月30日排除措置命令（ヤマダ電機）審決集55巻688頁、⑧平成21（2009）年3月5日排除措置命令（大和）審決集55巻716頁、⑨平成21（2009）年6月19日排除措置命令（島忠）審決集56巻第1分冊3頁、⑩平成21（2009）年6月22日排除措置命令（セブン‐イレブン・ジャパン見切り販売制限）審決集56巻第2分冊6頁、である。このように、具体事例として、公取委が下した命令である行政事件のみを取り上げて、しかも、2004（平成16）年から2009（平成21）年までの事件がほぼすべてを占めている。

　もともと、損害賠償や私法上の効力を巡る数多くの民事事件で、優越的地位の濫用に該当するか否かが争われてきた。最近では、優越的地位の濫用に係る

民事事件判決として、京セラ・ヘムロック事件東京地裁判決（平成 28 (2016) 年
10 月 6 日）、同事件東京高裁判決（平成 29 (2017) 年 10 月 25 日）、アップル・島野
製作所東京地裁判決（令和元 (2019) 年 9 月 4 日）、同事件東京高裁判決（令和 2
(2020) 年 7 月 22 日）、セコマ（返品合意）事件札幌地裁判決（平成 30 (2018) 年 4
月 26 日）、同事件札幌高裁判決（平成 31 (2019) 年 3 月 7 日）、セコマ（販売促進合
意）事件札幌地裁判決（平成 31 (2019) 年 3 月 14 日）、食べログ事件東京地裁判決
（令和 4 (2022) 年 6 月 16 日）という興味深い判決が続出している。優越的地位の
濫用規制の基本性格については、むしろそれらの判決内容により示される。

　今日的課題は、判例法として民事事件判決も行政事件判決と同等の価値を有
するのであって、民事事件と行政事件と共通のガイドラインを作成することで
ある。すなわち、優越的地位の濫用ガイドラインについては、民事判決を取り
込んだものに全面改訂して、日本固有の規制である優越的地位の濫用規制が民
法上の規制と同質の規制であることを明らかにしたうえで、「正常な商慣習に
照らして不当に」の該当性について、判断の枠組みやその判断要素を明らかに
していくことが相当である。

4　契約規制的な内容のガイドライン

　最近では、優越的地位の濫用規制の法的性格が民事上の規制（民法上の規制
と同質の規制）であることを前提にして、契約規制的な性格に基づく新規のガ
イドラインの作成・公表が目立っている。

　不公正な内容の個別契約条項について、①排除措置命令で削除・修正するよ
うに命じる、②公序良俗に反するとして私法上の効力を無効であるとする、③
民法 709 条に基づく損害賠償責任を負わせるという契約規制的な規制は、独占
禁止法では、民法上の規制と同質の規制である優越的地位の濫用規制により行
われる。

　特定された個別契約条項が、類型的に相手方に不利益を与えるものであって
「正常な商慣習に照らして不当に」に該当し得るときに、それらが「優越的地
位の濫用行為として問題となり得る」というガイドラインが作成される。その
種のガイドラインが公表された場合、契約当事者はそのような制限条項は挿入
しないで済むのであれば挿入しないことを選択することになり、事実上、契約

規制的な効果を持つことになる。

　ただし、制限条項が優越的地位の濫用となり得るとガイドライン上に記載されることと、現実に具体的な制限条項が優越的地位の濫用に該当することは別物であり、当該契約または契約条項が、「正常な商慣習に照らして不当に」を充足し、優越的地位の濫用に該当するというためには、相手方にとって不利益が大きいこと、かつ、相手方事業者の自由な意思を抑圧するというような行為態様が必要になる。

　最近では、そのような優越的地位の濫用規制を民法上の規制と同質の規制と位置付けた、契約規制的な内容のガイドラインが目立っている。

　「デジタル・プラットフォーム事業者と個人情報等を提供する消費者との取引における優越的地位の濫用に関する独占禁止法上の考え方」（令和元（2019）年12月17日、改正令和4（2022）年4月1日）は、取引の相手方が一般消費者である場合でも優越的地位の濫用規制が適用されるとし、「フリーランスとして安心して働ける環境を整備するためのガイドライン」（令和3（2021）年3月26日）（内閣官房、公取委、中小企業庁、厚生労働省）は、優越的地位の濫用規制をフリーランスとの取引に拡大した。「スタートアップとの事業提携及びスタートアップへの出資に関する指針」（令和4（2022）年3月31日）（公取委、経済産業省）も数多くの行為について「優越的地位の濫用として問題となり得る事例」として挙げている。

　そこで、それら契約規制的なガイドラインも含めた、包括的な優越的地位の濫用ガイドラインを作成するか否かが長期的な検討課題となるが、それら契約規制的なガイドラインの実効性については現在でも不明確のままであり、まずは現行民事判例を踏まえたガイドラインを作成することが相当である。

Ⅵ　農業協同組合ガイドライン

1　現行ガイドラインの構成の致命的な欠陥

　現行農業協同組合ガイドラインは、「第1部　指針の趣旨と構成」、「第2部　農業協同組合に係る不公正な取引方法について」で構成される。「第2部　農業協同組合に係る不公正な取引方法について」は、「第1　独占禁止法と農業協同

組合」、「第2 単位農協による組合員に対する問題行為」、「第3 連合会による
単位農協に対する問題行為」「第4 連合会又は単位農協による仕入先に対する
問題行為」、「第5 連合会又は単位農協による販売先に対する問題行為」から
成る。

このため、農業協同組合ガイドラインは、不公正な取引方法の禁止による農
業協同組合に対する規制のみを問題としており、独占禁止法上のガイドライン
として明確に誤っている。

現行の農業協同組合ガイドラインは、以下のように、その構成や基本的な考
え方について致命的な欠陥がある。

第1に、22条の適用除外を受ける協同組合には、農業協同組合、漁業協同
組合、森林協同組合、消費者協同組合、中小企業協同組合があるが、現行ガイ
ドラインは、農業協同組合のみを対象としている。独占禁止法は業種横断的な
性格を持つことから、すべての協同組合に適用される適用除外ルールを解説す
る必要がある。

第2に、独占禁止法には多様な規制が含まれ、22条の適用除外制度は、独
占禁止法上の規制全般に係るものである。現行ガイドラインは、「不公正な取
引方法に該当し違法となるおそれがある」場合、すなわち、不公正な取引方法
の禁止による規制のみを取り上げている。22条の適用除外制度は、独占禁止
法上の規制全般に係るものであることから、独占禁止法上のすべての規制につ
いてのルールを解説する必要がある。

そもそも22条による協同組合の行為についての適用除外の趣旨は、「組合の
行為」として単一事業者としての共同経済事業を容認するところにあり、共同
購入、共同販売、共同生産を3条後段によるカルテル規制から適用除外すると
ころにある。

また、現行ガイドラインの「公正取引委員会が連合会及び単位農協に対して
審決等の法的措置を採った事例や、違反の疑いがあるとして警告を行った事例
のほとんどは、不公正な取引方法に関するものである」は単純に誤りである。
現実には「公正取引委員会が連合会及び単位農協に対して審決等法的措置をと
った事例」には私的独占や不当な取引制限が問題となる事例も数多くみられる。

村上・独占禁止法〔第10版〕の83頁～84頁に独占禁止法に違反するとし

て法的措置をとった主要事例を 10 件列挙してある。そのうち、①、⑧は、カルテルで不当な取引制限に該当するとして、⑩は、支配型私的独占に該当するとして法的措置がとられた。さらに、④、⑤は単一違反行為が過度に細分化されて複数の不公正な取引方法に該当するとされたが（いわゆる複合行為）、本来は単一違反行為として排除型私的独占に該当するとされることが相当な事例である。

主たる違反行為として挙げている「組合員に対して農業協同組合の事業の利用（いわゆる系統利用）を強制したり、農業協同組合と競争関係にある商系事業者と組合員が直接取引すること（いわゆる商系取引）を妨げるといった問題行為」については、二重規制構造のため 19 条（不公正な取引方法の排他条件付取引等）が適用されているが、行為類型として排他的取引に該当し、本来 3 条前段（排除型私的独占）が適用される行為である。

2　協同組合に対する適用除外に係る基本的な解釈

現行ガイドラインは、22 条柱書により適用除外を受ける行為について、共同購入、共同販売、共同計算を挙げている。共同計算についての注は、「生産調整については、これに参加しない事業者に対して、協同組合内で不当に差別的な取扱いが行われ、その事業者の事業活動を困難にさせる場合には不公正な取引方法に該当し違法となるおそれがある（一般指定第 5 項——事業者団体における差別取扱い等）」としている。

22 条柱書により適用除外を受ける行為としては伝統的に、共同購入、共同販売、共同生産が挙げられてきた。何故に、現行ガイドラインから共同生産が除かれるのか、さらに共同計算の内容はこれまで議論されたこともなく、共同生産との差異やその内容が不明確である。

従来から、共同経済事業として、共同購入、共同販売、共同生産が、さらには共同販売に付随する全量出荷義務も、22 条柱書による適用除外を受けると解されてきた。そのため、現時点での 22 条柱書による適用除外を受ける行為の範囲を明確にする必要がある。

また、22 条柱書による適用除外を受ける場合に、22 条但書は、①不公正な取引方法を用いる場合または②一定の取引分野における競争を実質的に制限す

ることにより不当に対価を引き上げることとなる場合には、適用除外とならない、と規定している。

　22条但書のうち、①不公正な取引方法を用いる場合は、協同組合の当該行為が22条柱書による適用除外を受けない場合には19条が直接適用され、22条柱書による適当除外を受ける場合には不公正な取引方法の禁止を含む独占禁止法による規制を受けないのであり、論理矛盾を生じる規定であって、もはや効力はないものと解される。

3　現在における最大の課題としての全量出荷義務の取扱い

　現在、単位農協の組合員に対する共同販売事業に伴う全量出荷要請の取扱いが最大の争点となっている。

　公取委は、2018（平成30）年12月に、農業協同組合ガイドラインを改訂した。「第2 単位農協による組合員に対する問題行為」の「2 販売事業に関する問題行為」について、不公正な取引方法の抱き合わせ販売等（一般指定10項）、排他条件付取引（一般指定11項）、拘束条件付取引（一般指定12項）が適用されるとしていたのを改めて、そのほかに「(4)販売事業の利用に当たって特定の組合員を差別的に取り扱う行為」を追加して、適用法条に「取引条件等の差別取扱い（一般指定4項）」を加え、さらに、「3 組合員に対する優越的地位の濫用」を新設し、適用条項に優越的地位の濫用（2条9項5号）を加えた。

　過去には、単位農協による組合員への全量出荷義務については、農林水産省および公取委とも、共同販売に付随するものとして容認してきた。

　ところが、近年の農協改革等に関連して、規制緩和委員会等からの政策提言を受けて、所管省庁である農林水産省は、単位農協による組合員に対する全量出荷義務を禁止する方向に政策転換している。その動きを受けて、公取委は、単位農協による組合員への全量出荷義務を禁止する方向に転換した。

　そのため、現行農業協同組合ガイドラインは、単位農協による組合員に対する全量出荷義務について重点的に取り上げている。

　単位農協による組合員に対する全量出荷義務については、「第2 単位農協による組合員に対する問題行為」のうち、「2 販売事業に関する問題行為」が該当箇所となる。

そこでは「(1)販売事業の利用に当たって単位農協の競争事業者との取引を制限する行為」として、「①単位農協が組合員に対して、組合員が販売事業を利用する際に、全量または一定の割合・数量以上について販売事業の利用を条件とする行為」、「②単位農協が組合員に対して、組合員が販売事業を利用する際に、販売事業を利用せずに販売したいとその組合員が考えている品目についても販売事業の利用を条件とする行為」を問題行為として挙げている。

そのうえ、具体的事例として、「単位農協が部会に対し、同部会の会員が生産物を全量出荷しなければ部会から除名するよう求め、単位農協に全量出荷させること」が拘束条件付取引に該当するとし、土佐あき農業協同組合事件の行為（公取委排除措置命令（平成29（2017）年3月29日）審決集63巻179頁）を挙げている。ちなみに、土佐あき農業協同組合事件の行為は、仮に22条柱書による適用除外を受けない場合には、排除型私的独占または不公正な取引方法に該当する行為である。

また、「(4)販売事業の利用に当たって特定の組合員を差別的に取り扱う行為」として、「単位農協が、当該単位農協以外に出荷した組合員に対して、販売事業の利用に係る条件又は実施について、他の組合員よりも不利な取扱いをする行為」を問題行為として挙げている。

そのうえで、具体的事例として、「単位農協が、組合員から青果物の販売を受託する取引に関し、特定の組合員に対して、当該単位農協以外に出荷したことを理由に、特定銘柄の青果物に係る販売事業を利用させないこと」が取引条件等の差別的取扱いに該当するとし、大分県農業協同組合事件の行為（公取委排除措置命令（平成30（2018）年2月23日）審決集64巻291頁）を挙げている。

このため、判例法として、組合員に対する全量出荷要請について、明確な独占禁止法上のルールを確立する必要が生じている。

4　優越的地位の濫用規制との関係

農業協同組合法は、農協改革に伴い、平成27（2015）年9月改正により「組合は、前条の事業を行うに当たつては、組合員に対しその利用を強制してはならない」と規定する農業協同組合法10条の2を新設した（平成28（2016）年4月施行）。

　農業協同組合ガイドラインは、「3 組合員に対する優越的地位の濫用」のなかで、「単位農協が組合員に対して、取引上の地位が相手方に優越していることを利用して、当該組合員に不利益となるように取引を実施する行為」を問題行為として挙げている。

　そのうえで、具体的事例として、「自己の組合員が自らに対して所定の販売手数料を徴収していた単位農協が、組合員が出荷するすべての農畜産物の出荷量、販売高等に応じた賦課金を新たに徴収するとともに、当該賦課金の徴収に相当する額を販売手数料から減額することにより、当該単位農協に農畜産物を出荷する組合員に対しては、当該単位農協以外の出荷の規模に見合った金銭の支払いを義務付けること」が優越的地位の濫用に該当し得るとし、阿寒農業協同組合事件の行為（公取委注意（平成 29（2017）年 10 月 6 日））を挙げている。

　このガイドラインの変更は、農業協同組合法に「組合は、前条の事業を行うに当たつては、組合員に対しその利用を強制してはならない」と規定する農業協同組合法 10 条の 2 が新設されたことを反映したものと考えられる。

　農業協同組合法を所管する農林水産省は、農業協同組合法 10 条の 2 に違反する行為に対して、農業協同組合法に基づき、当該農業協同組合に対して行政処分を行うことができる。他方、独占禁止法を所管する公取委は、農業協同組合による優越的地位の濫用行為に対して、独占禁止法に基づき独占禁止法違反行為について当該農業協同組合に対して排除措置を命じることができる。

　この点からも、農業協同組合の行為について、22 条柱書による適用除外を受ける行為を明らかにすることが最優先課題となる。

第5章

事業者団体の活動規制

　事業者団体の行為を規制する8条は不当な取引制限の禁止による規制の補完的な規制である。

　3条違反行為について行政制裁金制度を導入すると、8条1号についての現行課徴金制度は廃止される。行政制裁金は、違反者の行為についてその違反者の責任を問い制裁を課すものであって、事業者団体の行為について構成事業者に制裁を課すという法律構成・考え方をとることはできない。

　代わりに、事業者団体のカルテル関与行為について上限金額を固定金額とする（当該事業者団体の資産に対して執行される）事業者団体に対する行政制裁金制度を新設するか否かが課題となる。

　対象禁止行為は、カルテル関与行為、情報交換活動、業界における安全規約等の設定と実施、参加拒絶および除名などであることから、不当な取引制限と同じく、事業者団体の行為に係る当該取引に関する市場の有する競争機能を損なうことという意味での「一定の取引分野における競争を実質的に制限すること」を残すことで足りる。その場合、不正競争行為と優越的地位の濫用を規制対象とする不公正な取引方法を適用するために4号を残すことが検討課題となる*1。しかし、優越的地位の濫用規制は民法上の規制と同質の規制であって、1対1の関係における事業者間の取引上の公正性を確保するための規制であって、事業者団体の行為に適用されることは想定されない。また、事業者団体の行為について、被害者である事業者に加害者に対する差止請求権および損害賠

---

*1　今村成和教授は、違法性段階の2段階方式を前提に、8条1号が一定の取引分野における競争を実質的に制限する場合に適用されて、8条4号の「不当に」は不公正な取引方法とパラレルに考えて公正な競争を阻害するおそれのある行為に適用されるとしていた。今村成和『独占禁止法〔新版〕』（有斐閣・1978年）179頁。

償請求権を付与する不正競争防止法違反行為である不正競争行為の禁止が適用
されることはない。

　このように、行政制裁金制度の導入と自由競争減殺型の不公正な取引方法の
廃止が、ともに実現する場合、事業者団の活動・行為を規制する8条について
は、8条2号〜5号の廃止を実現して、8条1号を残すことが相当である。

第6章

不要な規制および規定の廃止

I　不要な規制および規定の総論

　このテーマについては、『国際標準の競争法へ──独占禁止法の最前線』(弘文堂・2013年)(以下、「村上・国際標準の競争法へ」という)「第15章 不要な規制・規定の廃止」369頁が一番まとまっている。

　総論が、「I 実体法上の課題と独占禁止法上の不要な規制、規定の撤廃」である。まず、同書刊行の2013年以降は大きな進展はないことが理解できる。

　19条、8条および課徴金制度を論じる「II 基本規定の見直し」は、本書の第1章から第5章までで十二分に論じている。「IV 不公正な取引方法の禁止に付随する不要な規定」は、本書の第3章「III 他の禁止行為に組み込まれた不公正な取引方法の廃止」および第7章「VII 協同組合の活動に対する独占禁止法上の適用除外」において詳しく解説している*1。

　残るは「III 国際標準の競争法体系上の不要な規定」において「他国の競争法にみられない日本独自の規定であって、日本で特別に規定する必要性があるとも考えられない、またはすでにその役割を終えたと評価されるために廃止することが相当である」として列挙してある規定である。具体的には、国際的契約等に関する規定(6条)、無体財産権の行使行為についての適用除外規定(21条)、指定商品の再販売価格維持契約等の適用除外規定(23条)、一般集中規制

---

*1　このほか、個別事業法における明示の適用除外規定但書における「不公正な取引方法を用いる場合」も不要である。村上・国際標準の競争法へ、第15章「IV 不公正な取引方法の禁止に付随する不要な規定」「4 適用除外の但し書の不公正な取引方法の禁止」「(2) 事業法上の適用除外但し書」388頁〜389頁参照。

に関する規定（9条、11条）、独占的状態に対する措置規定（8条の4）である。

このうち、一般集中規制の廃止と独占的状態に対する措置の廃止については、比較的大きな論点として、村上・国際標準の競争法の該当部分のほか、村上・独占禁止法〔第10版〕の「第1章 第8節 立法政策上の課題」においても解説している。

したがって、残る規定は、国際的契約等について規定する6条、適用除外関係における知的財産権の行使行為についての適用除外を定める21条、指定商品に係る再販売価格維持を認める23条、特別な損害賠償責任を定める24条、25条である。

II　不要な規制および規定の各論

1　国際的契約等に関する規定

6条については、文書送達規制が整備されたことと、ブラウン管国際カルテル事件最高裁判決（平成29（2017）年12月12日）で立法管轄権の効果主義と同一の域外適用原則が確立したことから、誰の目にもその役割を終えて不要なものととなっていることは明白である。

2　知的財産権の行使行為についての適用除外

21条は、知的財産権の行使行為が関連する事件で、枕詞的に引用される程度で、適用除外規定として機能していない。このことは、判例法上リコー事件東京地裁判決（令和2（2020）年7月22日）、同事件知財高裁判決（令和4（2022）年3月29日）等で一層明白になっている。

3　指定商品に係る再販売価格維持制度

指定商品に係る再販売価格維持制度については、現在指定商品として指定されている商品はなく、今後も指定される商品が出てくるとも想定できず、廃止することが相当である。

4　特別な損害賠償責任

　特別な損害賠償責任を定める 24 条、25 条は本来すでに廃止されることが相当な制度である*2。

　2005 年および 2013 年改正により行政審判制度の廃止に伴い勧告審決・同意審決制度が廃止されて、勧告審決・同意審決は 25 条訴訟の対象から外れた。2009 年改正により裁判所から公取委への求意見が義務的なものから任意的なものに変更された。それにより、今日 25 条に基づく損害賠償責任が存在することによる問題・弊害は大幅に減少している。

　ただし、独占禁止法違反を認めて競争状態を回復させるために公益確保の観点から排除措置を命じることが相当であるが、当該事業者に損害賠償責任を負わせることまでは必要でない行為・事件は存在する。したがって、独占禁止法違反と（無過失）損害賠償責任とを常に結びつけることには無理がある。

　損害賠償責任については、民法 709 条によるものに一元化することが相当である。それによって、被害者による損害の回復が実質的に困難になるとも評価されない。

---

*2　2005 年改正前の制度の状況については、村上政博「独占禁止法違反についての特別の損害賠償制度の意義──独占禁止法 25 条訴訟の限界」判例タイムズ 959 号 4 頁（1998 年）参照。

第 **7** 章

国際標準の競争法に向けての判例法の課題

Ⅰ 新基本体系の確立

1 独占禁止法改革の2輪車——法改正と判例変更

　独占禁止法は 1947 年の制定以降長い歴史を有し、1980 年代前半までに日本独自の旧基本体系を構築した。このため、独占禁止法は、国際標準の競争法体系を確立するに当たり、新興国が 2000 年代に新たに包括的競争法を制定するのとは全く異なる困難に直面した。国際標準の競争法に合致した法改正を順次実現していくほか、旧基本体系を生み出した判例を覆して国際標準の基本体系に合致した新たな判例法を構築していくことが必要になる。

　この作業には長い時間がかかる。国際標準の競争法に合致させるための大きな法改正として、2005 年改正、2009 年改正、2013 年改正、2019 年改正がある。法改正は、抜本的変化をもたらし、大きな影響力を有するが、何回でも行えるものではなく、慎重に進める必要がある。多数の利害関係者が関与するものだからである。2005 年および 2009 年改正についても、今日からみれば、支配型私的独占に係る課徴金の基本算定率を 10% としたこと、優越的地位の濫用に係る課徴金制度を設けたこと、不公正な取引方法の禁止行為を課徴金の対象とするために抜き出して法定行為としたこと、が過ちであったことが判明している。

　判例変更については、それに適切な事件が出現したうえ、現実にそれが実現することが必要である。したがって、やはり時間がかかる。ただし、判例変更、すなわち現行法のあるべき解釈については、法改正と異なり、事例に即して何

回でも挑戦できる。

　これが、旧基本体系から新基本体系までの移行期における展開であり、村上
政博『独占禁止法〔第 3 版〕』（弘文堂・2010 年）以降「第 1 章 第 4 節 独占禁
止法の歴史──1980 年代以降」において順次解説してきた内容である。また、
新基本体系を理論上完成させるまでに『独占禁止法〔第 10 版〕』（弘文堂・2022
年）までかかっている。

2　新基本体系に関する残る課題

　『独占禁止法〔第 10 版〕』では、事後規制における、判例法としての行為類
型ごとの単一ルールの確立を受けて、新基本体系を確立させている。

　『独占禁止法〔第 10 版〕』の行為類型ごとの総論部分からの不公正な取引方
法に係る部分を削除すると、あるべき総論となる。1982 年ころに確立した旧
基本体系から、40 年間をかけて新基本体系に移行したことになる。ただし、
ガイドラインについては依然として旧基本体系に基づくものがそのまま残って
いる。

　新基本体系は、単独行為規制である私的独占の禁止、共同行為規制である不
当な取引制限の禁止、事前規制である企業結合規制および日本固有の規制であ
る不公正な取引方法の禁止から成る。国際標準の競争法制に向けての最後の改
正課題である、行政制裁金制度の導入と不公正な取引方法の再構築が実現する
と、新基本体系が完全に確立する。

　また、法改正と解釈論・判例法とは相互に関係する。あるべき基本体系や解
釈論を確立して、その後に法改正を行うことが一番単純であるが、現実にはそ
うはならない。それまでの前提を覆したり解釈を変更するために法改正が行わ
れることも多い。

　次回改正がすべて実現したら、あるべき解釈論が自動的に採用される。これ
までの法改正ではここまではいえなかったが、次回改正についてはこのことが
当てはまる。

　すなわち、次回改正が実現すると、不当な取引制限の禁止が共同行為規制の
基本禁止規定であることが確定する。垂直的制限規制は、拘束条件付取引、再
販売価格の拘束などが廃止されるために、自動的に不当な取引制限により規制

される。共同の取引拒絶規制は、不公正な取引方法としての共同の取引拒絶は
廃止されるため、不当な取引制限により規制される。

　同様に、次の改正により、排除型私的独占の禁止による単独行為規制につい
て、排除型単独行為に対して適用されてきた自由競争減殺型の不公正な取引方
法はすべて廃止されるため、妥当な判例法を形成するために、排除型私的独占
の排除行為について「他の事業者の事業活動の継続又は新規参入を困難にする
行為」をいい、私的独占の競争の実質的制限について「当該取引に係る市場が
有する競争機能を損なうこと」をいうと解される。すなわち、排除行為と一定
の取引分野における競争の実質的制限の関係について妥当な解釈が確定する。

　とはいえ、次の改正法が成立、施行されるまでには、まだまだ時間がかかる
ので、そこまでは着実にあるべき法解釈や判例変更を進めていかざるを得ない。
そのことが、次期改正を促進することにつながる。

3　判例法における具体的課題

　一橋大学退官記念論文集である『国際標準の競争法へ』の執筆時（2012 年）
には、判例法の変更や展開が進んでいないことが悩みの種であった。

　東芝ケミカル事件東京高裁判決は完全に誤った判決である。東芝ケミカル事
件の行為については、当時の基本先例である石油製品価格協定事件最高裁判決
に従い、認定事実から東芝ケミカルを含む積層板メーカー 8 社が価格引上げ協
定を締結し合意が成立したと認定することが相当である。

　東日本電信電話会社事件最高裁判決は、認定事実や結論に誤りはないが、排
除行為の定義と一定の取引分野における競争を実質的に制限することの定義が
誤っている。排除行為については当時の通説である「他の事業者の事業活動の
継続又は新規参入を困難にする行為」とし、競争の実質的制限については市場
支配力を過度に重視した定義を改めるべきであった。

　土佐あき農業協同組合事件東京高裁判決は、22 条但書の解釈を誤ったもの
である。22 条但書の不公正な取引方法を用いる場合を、無効の規定と解する
べきであった。

　優越的地位の濫用規制のうち、大規模小売業者と納入業者間の納入取引に係
る、2003 年から 2014 年までの排除措置命令については、優越的地位の濫用規

制を、ドイツ競争法の経済的従属関係の濫用規制や民事上の規制という日本固有の規制と位置付ける新基本体系との整合性がとれていなかった。

　これらの解釈上の課題は、その判決を読んだ瞬間に理解できるものである。

　本章の解説を読んでもらうと、ここ 3 年ほどで各課題に関して理論上大きな進展があったことを理解してもらえると思う。

II　不当な取引制限

1　不当な取引制限の禁止

　3 条後段の不当な取引制限の禁止が、共同行為規制の基本禁止規定である。不当な取引制限のあるべき解釈は、『独占禁止法〔第 10 版〕』56 頁〜63 頁に記載したとおりである。

　「共同して」とは、複数の事業者が関係・関与する行為、すなわち共同行為であることをいう。相互にその事業活動を拘束する行為（相互拘束）は、カルテル、共同の取引拒絶、業務提携、垂直的価格制限、垂直的非価格制限という共同行為の行為類型に分類される。相互拘束の行為形態として、協定、契約と同じ意味の合意（意思の合致）と合意に至らない段階の協調行動に適用される意思の連絡とがある。

2　不当な取引制限の行為要件

　独占禁止法では、不当な取引制限を禁止する 3 条後段が共同行為規制の基本禁止規定である。不当な取引制限とは、事業者が、「契約、協定その他何らの名義をもってするかを問わず、他の事業者と共同して対価を決定し、維持し、若しくは引き上げ、又は数量、技術、製品、設備若しくは取引の相手方を制限する等相互にその事業活動を拘束し、又は遂行することにより、公共の利益に反して、一定の取引分野における競争を実質的に制限すること」をいう（2 条 6 項）。

　行為要件は、「事業者が、契約、協定その他何らの名義をもってするかを問わず、他の事業者と共同して対価を決定し、維持し、若しくは引き上げ、又は数量、技術、製品、設備若しくは取引の相手方を制限する等相互にその事業活

動を拘束し、又は遂行すること」である[*1]。このうち、「事業者が、契約、協定その他何らの名義をもってするかを問わず、他の事業者と共同して対価を決定し、維持し、若しくは引き上げ、又は数量、技術、製品、設備若しくは取引の相手方を制限する等」は相互拘束の例示行為であると解釈される。

　契約は相対立する意思表示の一致を意味し、垂直的制限や業務提携がこれに該当する。協定は同一方向に向けての意思表示の一致を意味し、カルテルがこれに該当する。

　契約と協定の締結が合意の成立を意味し、意思の連絡は合意にまで至らない段階の協調行動[*2]に適用される。協調行動に対する意思の連絡は、多摩地区入札談合事件最高裁判決以来今日までに実体法上の概念となっており、「その他」に該当する。立法政策的に、法改正で、「その他」を協調行動と変更して、相互拘束の例示行為について、契約、協定、協調行動と規定することが考えられる。

　このように、不当な取引制限の行為要件では、相互拘束が基本要件であり、「共同して」は当該行為が単に複数事業者が関与する共同行為であることを意味する。

3　不当な取引制限の相互拘束の射程範囲

（1）　垂直的価格制限と共同の取引拒絶の法適用　　現在でも、垂直的価格制限の大多数については、不公正な取引方法の再販売価格の拘束が適用されている。共同の取引拒絶についても、不公正な取引方法の販売に係る共同の取引拒絶と購入に係る共同の取引拒絶が適用されることになっている。

　しかし、不公正な取引方法としての再販売価格の拘束と共同の取引拒絶の現行の形式要件については欠陥があり、不当な取引制限の相互拘束を適用する方が簡明に事件を処理できる。

（2）　共同の取引拒絶　　現在、不公正な取引方法の共同の取引拒絶につい

---

*1　「他の事業者と共同して対価を決定し、維持し、若しくは引き上げ、又は数量、技術、製品、設備若しくは取引の相手方を制限する等」は、昭和28（1953）年に旧4条の廃止に伴い追加された。この文言を除いて考察すると、不当な取引制限の相互拘束の内容は一層明確である。
*2　EU競争法101条の協調行為とほぼ同じ概念である。独占禁止法の判例では、同じ意味で、「慣行」、「協調関係」、「協調的関係」という用語も使われている。

ては、販売に係る共同の取引拒絶（2条9項1号）と購入に係る共同の取引拒絶（現一般指定1項）に分けて規定されている。

　不公正な取引方法の共同の取引拒絶は、旧一般指定1項の共同の取引拒絶の方が形式要件として優れており、その要件を二つの禁止行為に分ける論拠はない。このため、事実関係によっては、いずれの禁止行為に該当するかという禁止行為の選択について苦労しかねないものとなっている[*3]。

　もともと共同の取引拒絶を二つに分けた理由は、販売に係る共同の取引拒絶を課徴金の対象行為とするためである。販売に係る共同の取引拒絶はすべて課徴金の対象行為になり得るとし、購入に係る共同の取引拒絶は課徴金の対象行為にしないという、この発想自体が完全に誤っている。共同の取引拒絶のうちから、販売、購入を問わず、競争制限効果が大きく重大度が高い行為について課徴金の対象行為とすることが相当である。

　このように、今日では、2009年改正のミスにより、共同の取引拒絶については、不公正な取引方法を適用するよりも不当な取引制限を適用する方が明確に妥当なものとなる。

　(3)　垂直的価格制限　　垂直的価格制限については、共同行為規制として不当な取引制限に該当するとして、国際的な垂直的価格制限規制の実務を採用することが相当である。

　垂直的価格制限についてメーカー・販売業者間の取決めが不当な取引制限の相互拘束に該当する、すなわち、メーカー、販売業者が違反事業者に当たるとしても、競争状態を回復するという観点から、メーカーに対して、排除措置を命じて、必要な場合に違反抑止の観点から課徴金納付を命じることができる。再販売価格維持の実効性確保手段も当然にその排除措置の内容となる。

　他方、不公正な取引方法の再販売価格の拘束は、①メーカーが卸売業者に指定した卸売価格で小売業者に販売させる行為と、②メーカーが卸売業者をして小売業者に指定した小売価格で販売させる行為を禁止行為として定めている。現在では文理を拡大解釈して、形式要件に含まれないメーカーが直接小売業者に指定した小売価格で販売させる行為も再販売価格の拘束行為に含まれるとし

[*3]　村上政博『独占禁止法〔第10版〕』（弘文堂・2022年）301頁および304頁参照。

ている。

　そのため、メーカーが小売業者に対して直接末端小売価格で販売させる行為のみでも再販売価格の拘束に該当する。すると、再販売価格の拘束の形式要件に該当しない行為のみで違反行為となり、文理に反するだけでなく、当初の取引段階を区別して禁止行為を定めるという再販売価格の拘束に関する基本的な考え方からも大きく乖離する結果となる。

　これまた、再販売価格の拘束を拡大解釈して適用することにこだわる必要はなく、不当な取引制限に適用する方が簡明である。

　垂直的価格制限についてはコンスタントに違反行為として摘発されており、不当な取引制限に該当するとしたうえ、重大度の高い行為について課徴金を課して違反抑止を図ることが相当である。

　（4）　排除措置と名宛人の選択　　排除措置命令と課徴金納付命令の名宛人の選択は、不当な取引制限の射程範囲と密接に関連する。

　排除措置は、公取委が「……必要な措置を命ずることができる」と規定している（7条）。公取委は、排除措置命令の名宛人を選択する裁量権をもつ。このことは、違反事業者の数が複数であり、共同行為規制である不当な取引制限の禁止について大きな意味をもつ。したがって、カルテルを含む共同行為について、公取委は首謀者に対してのみ排除措置を命じることができる[4]。

　この点は、垂直的価格制限の場合に価値があり、公取委は不当な取引制限に該当するとした、垂直的制限に合意した違反事業者のうち、流通業者（販売業者）に排除措置を命じずに、メーカー（またはその販売子会社）に対してのみ排除措置を命じることができる。

　ただし、現行課徴金では、公取委が「……相当する額の課徴金を国庫に納付することを命じなければならない」と規定している。そのため、公取委は、課徴金額が算定される違反事業者に対して課徴金納付を命じなければならず、違反事業者を裁量により選別して課徴金納付を命じることはできない。そのため、「命ずることができる」という規定方式の行政制裁金制度を導入しないと、カ

---

*4　カルテルについて、公取委は、カルテルをすでにやめて、かつ、既往の措置（7条2項）として排除措置を命じる必要のない違反事業者（当該事業者が事件開始前に減免申請を行ったものであるなど）に対して排除措置を命じることはできない。

ルテルに対して、首謀者に対してのみ課徴金納付を命じて効率的に違反抑止を図るという事件処理は行えない。さらに、垂直的価格制限についてメーカーに対してのみ制裁金の納付を命ずるという国際標準的な事件処理が行えない。

4　比較法的考察——国際標準の枠組み

米国反トラスト法では、シャーマン法 1 条が共同行為の基本禁止規定であり、共謀（conspiracy）、契約（contract）、結合（または組み合わせ）（combination）を禁止する。結合では合わせ技的に多数の行為を総合して該当するか否かが判断される。

EU 競争法では、TFEU101 条が共同行為規制の基本禁止規定であり、協定（agreement）、事業者団体による決定（decision）、協調行為（concerted practice）を禁止する。協調行為とは、「協定の締結と呼びうる段階に至っていないが、互いに意識して競争のリスクに代えて、事実上の協力を行うという事業者間の調整の形態」[*5]をいう。

共謀は違法性を意識して秘密裏に行われる合意を、契約は違法性を意識しない文書化された合意を意味し、TFEU101 条の協定は共謀と契約の双方を含む。

米国反トラスト法、EU 競争法ともに、合意に該当する協定のほか、結合、協調行為により、合意・協定に至らない段階の協調行動を禁止する。共同行為一般については取決め（arrangement collaboration）という用語が使われる。

ここまでは、水平的制限、垂直的制限を含む、複数事業者間の共同行為について当てはまる。

III　カルテル

1　協定の締結による合意の成立と協調行動に対する意思の連絡の推認

（1）　カルテルに関する現状と課題　　不当な取引制限の相互拘束に該当する行為類型のうち、カルテルに関するあるべき解釈は、『独占禁止法〔第 10 版〕』「第 2 章 第 7 節 カルテルの禁止」ではなく、本章がその改訂版となって

＊5　Suiker Unie and Others v. Commission, 1663 ECR 175.

いる。

　最近、価格協定事件として、コーンスターチ価格協定事件東京高裁判決、シャッター価格協定事件（全国合意）東京高裁判決、段ボール製品価格協定事件東京高裁判決（王子グループ、トーモクに対する件）が続き、カルテル規制についてのルールを確立すべき時期に来ている*6。

　カルテル規制の行為要件として、複数事業者が関与・関係する行為であることを意味する「共同して」という要件をもち出すべきではない。相互拘束（「相互にその事業活動を拘束し」）行為として、石油製品価格協定最高裁判決に従う、合意が認定される協定の締結行為と、元詰種子事件東京高裁判決に従う、意思の連絡が推認される協調行動とは区別することが相当である。

　協定の締結による合意が成立するカルテルは、石油製品価格協定最高裁判決に従い、その旨認定され、意思の連絡が推認されるカルテルは、多摩地区入札談合事件最高裁判決に従い、意思の連絡が推認される。カルテル規制において協定の締結までに至らない段階の協調行動について意思の連絡が推認されて相互拘束に該当するというルールを確立すべきである。

　現在の東京高裁段階の「共同して」と意思の連絡の推認を結びつけたルールは、排除措置命令および課徴金納付命令のための要証事実をあいまいなものとし、かつ意思の連絡が推認される協調行動の範囲を拡大しすぎる。意思の連絡が推認される協調行動の範囲とその外延は判例法で決まるが、協調行動の範囲については限定的に解し、米国反トラスト法やEU競争法と同等のルールを確立していくことが重要である*7。

　（2）　カルテル規制　　カルテルとは当然違法型の水平的制限をいう。通常、価格協定、数量制限協定、市場分割協定、受注予定者の決定等（入札談合）に分類される。

　カルテルでも、相互拘束が基本要件であり、「共同して」は当該行為が単に

---

*6　これら3事件については、村上政博「独占禁止法と国際ルールへの道──カルテル規制における合意と意思の連絡」NBL1195号52頁。3事件の審判審決についての詳しい分析については国際商事法務連載の各論文を参照のこと。

*7　村上・前掲*6、同「シャッター価格協定事件審判審決（令和2年8月31日）」国際商事法務49巻5号617頁、同「不当な取引制限における意思の連絡」国際商事法務49巻7号861頁参照。

複数事業者が関与する共同行為であることを意味する＊8。

　カルテルに関して、相互拘束に該当する行為には、合意の成立する協定の締結と、意思の連絡の形成が推認される、合意に至らない段階の協調行動とがある。

　カルテルについては、長年、相互拘束行為のうち、同一方向に向けての意思表示の一致をいう協定に該当すると解されてきた。石油製品価格協定事件最高裁判決＊9は、「被告人らは、それぞれその所属する被告会社の業務に関し、その内容の実施に向けて努力する意思をもち、かつ、他の被告会社もこれに従うものと考えて、石油製品価格を各社いっせいに一定の幅で引き上げる旨の協定を締結したというのであり、……かかる協定を締結したときは、各被告会社の事業活動がこれにより事実上相互に拘束される結果となることは明らかであるから、右協定は、独禁法 2 条 6 項にいう『相互にその事業活動を拘束し』の要件を充足し同項及び同法 3 条所定の『不当な取引制限』行為に当たると解すべきであ」るとしている。

　同事件最高裁判決は、「右合意により、公共の利益に反して一定の取引分野における競争が実質的に制限されたものと認められるときは」右決定された内容が実施に移されることや決定された実施時期が現実に到来することは不当な取引制限の成立に必要ない、としている。同判決が合意時に不当な取引制限が成立するという合意時説を採用したため、カルテルにおける合意の成立は特別の法律効果を有している。独占禁止法上もカルテルについて当然違法型のルールを採用したことになる。

　意思の連絡とは、多摩地区入札談合事件最高裁判決の「取り決めに基づいた行動をとることを互いに認識し認容し歩調をそろえること」＊10をいう。意思の連絡は協定の締結までには至っていない段階の協調行動に対して適用される。

　カルテルについては、相互拘束として、協定を締結することによる合意の成立を認定することが基本であり、協定にまで至らない協調行動に対して相互拘

＊8　合意が認定される場合や意思の連絡が推認される場合に、参加者間に主観的な共通の認識や主観的な意思の疎通は当然に存在するが、それは独自に「共同して」の要件となるものではない。

＊9　最判昭和 59（1984）年 2 月 24 日刑集 38 巻 4 号 1287 頁。

＊10　意思の連絡は明文にない概念であり、「複数事業者間で同一内容の行為について歩調をそろえて実施する意思（認識）があること」としても内容に変わりはない。

束の行為形態としての意思の連絡の形成が推認されるのは例外である。

意思の連絡が適用される協調行動はもともと不明確なものであり、意思の連絡が推認されて相互拘束に該当するとされる協調行動の範囲、その外延は判例法により決定される。

（3）**比較法的考察——国際標準の枠組み**　カルテルについては主要国では当然違法型のルールが採用されている。米国反トラスト法では、価格協定は当然違法（Per Se Illegal）である。すなわち、価格協定は、市場における力、その目的、効果を審理するまでもなく違法となる。EU 競争法では TFEU101 条のもとで、カルテルは競争制限的目的を有し違法である。さらに、今日では、いずれの国でも調査協力による免責制度を活用したうえ、違反に対しては重い制裁を課して違反抑止を図られている。

カルテル規制について、シャーマン法 1 条の結合は今日ではほぼ適用されることのない概念となっている。EU 競争法 TFEU101 条の協調行為は寡占的価格協調行動にどこまで適用されるべきかが議論されてきたが、今日では、慎重に適用することが相当であるという結論になっている[11]。

独占禁止法上、協調行動一般や寡占的価格協調行動について意思の連絡を推認する場合には TFEU101 条の協調行為に係る先例がもっとも参考になる。寡占的価格協調行動について、近年、シャーマン法 1 条または連邦取引委員会法 5 条に違反するとし、EU 競争法上協調行為に該当し TFEU101 条に違反するとした事例は存在しない。

2　カルテル規制に関する判例法の展開

（1）**カルテル規制に係る判例法の展開**　石油製品価格協定事件最高裁判決は、カルテルについて独占禁止法上当然違法型のルールを確立し、協定の締結による合意が成立するカルテルについての基本先例である。

東芝ケミカル事件東京高裁判決は、法適用・法解釈とも完全に誤った判決である。この判決には先例価値はないものとし、その悪影響を取り除くことが、今日的課題である。

---

*11　村上政博『EU 競争法〔第 2 版〕』（弘文堂・2001 年）、「第 3 章 カルテル規制の展開——協調行為の役割」、「Ⅴ 寡占的協調行動」、「5 協調行為と寡占的協調行動」参照。

　多摩地区入札談合事件最高裁判決が、合意の成立に至らない段階の協調行動について意思の連絡が推認されるとした基本先例である。

　現在東京高裁判決（コーンスターチ価格協定事件および段ボール製品価格協定事件）で採用されている、「共同して」と意思の連絡の推認を結びつけたルールは、東芝ケミカル事件東京高裁判決と多摩地区入札談合事件最高裁判決を受けたものであり、誤りである。

　(2)　石油製品価格協定事件最高裁判決　　協定の締結による合意が成立するカルテルについての基本先例は石油製品価格協定事件最高裁判決*12である。

　同最高裁判決は、「被告人らは、それぞれその所属する被告会社の業務に関し、その内容の実施に向けて努力する意思をもち、かつ、他の被告会社もこれに従うものと考えて、石油製品価格を一斉に一定の幅で引き上げる旨の協定を締結したというのであり、……かかる協定を締結したときは、各被告会社の事業活動がこれにより事実上相互に拘束される結果となることは明らかであるから、右協定は、独禁法2条6項にいう『相互にその事業活動を拘束し』の要件を充足し同項及び同法3条所定の『不当な取引制限』行為に当たると解すべきであ」るとしている。この判決以降、公取委による審決、排除措置命令では、カルテルに対しては、合意時説に従う「販売価格を引き上げる旨の合意をし、もって被告会社らの事業活動を相互に拘束し」という文言が使用されてきた。

　(3)　東芝ケミカル事件東京高裁判決の誤った法解釈　　（ア）東芝ケミカル事件の積層板価格カルテルの事実関係と合意の内容　　東芝ケミカル事件東京高裁判決*13は、事実認定および法解釈とも完全に誤った判決である。

　この件の関係事業者は、日立化成工業株式会社（以下、「日立化成」という）、松下電工株式会社（以下、「松下電工」という）、住友ベークライト株式会社（以下、「住友ベーク」という）、利昌工業株式会社、鐘淵化学工業、新神戸電機株式会社、三菱瓦斯化学株式会社、東芝ケミカル株式会社（以下、「東芝ケミカル」という）の8社である。

　本価格引上げ合意の対象となった商品は、紙フェノール銅張積層板（以下、「積層板」という）である。

＊12　前掲＊9参照。
＊13　東京高判平成7（1995）年9月25日審決集42巻393頁。

　積層板業界では、日立化成、松下電工および住友ベークが大手3社であり、本件製品の国内向け販売量の約70%を占めていた（昭和62 (1987) 年当時）。

　関係8社は、昭和62 (1987) 年6月10日、学士会館で開催された臨時部会で、大手3社が同年6月21日以降本件積層板の国内需要者渡し価格を現行価格より1m²当たり300円または15%を目途に引き上げる旨および他の5社はこれに追随して値上げすることを決定した。

　具体的には、6月10日の臨時部会において、冒頭、日立化成の国際事業部次長から輸出価格の値上げ動向についての報告がなされ、8社は積層板の国内需要者渡し価格の引上げについて意見交換を行い、日立化成の電子機材事業部業務部長から同年7月10日出荷分から本件積層板の国内需要者渡し価格を現行価格より1m²当たり300円または15%を目途に引き上げることが表明されたことを契機に、松下電工からは6月21日出荷分から、住友ベークからは7月1日出荷分から、同様に値上げすることが各表明された。残る5社については、大手3社の関係者から大手3社に追随して7月末までを目標として、同様に値上げするように要請されたものの、右要請に対して東芝ケミカルを含め各社から反対の意見は出なかった。

　東芝ケミカルおよび同業他社は、本件臨時部会後、本件積層板の値上げを社内に指示等し、また需要者らに対し前記値上げを通知し、その要請をしている。

　値上げの意見交換については、昭和62 (1987) 年4月20日学士会館会議室で開催された定例部会、同月21日定例業務委員会、同月30日の臨時業務委員会、同年5月7日の臨時部会、同月21日の定例業務委員会、同月29日定例部会に、東芝ケミカルの担当者が出席し、特段値上げに反対したり異議を申し立てたりはしていない。

　なお、6月10日の臨時部会には、東芝ケミカルから高木常務取締役営業本部長と日野積層品営業部長が出席したが、高木は前記日立化成の電子機材事業部業務部長の値上げ表明の際には退席し不在であった。

　相互拘束に該当するところの、東芝ケミカルを含む関係8社間の協定の締結による合意は簡単に認定できる。この事件の争点は、合意時点での参加事業者の認定である。基礎的な事実認定の問題であり、東芝ケミカルが本件協定の当事者・参加者であることは明確である。

　（イ）　東芝ケミカル事件東京高裁判決の誤った2つの法解釈　　東芝ケミカル事件東京高裁判決は、不要かつ誤った判示事項を残し、その後のカルテル規制に決定的な悪影響を及ぼした。

　この件の行為については、日時・場所を認定し、値上げ時期、値上げ幅を特定した、東芝ケミカルを含む関係8社間での価格引上げ協定が締結されて合意が成立したと認定できる。

　唯一の争点は、東芝ケミカルが本件積層板価格協定の（協定締結時点の）当事者であるか否かである。この争点は、「共同して」という要件、意思の連絡という概念、寡占的価格協調行動に関するルールとは全く関係がなく、したがって東芝ケミカル事件東京高裁判決はそれらに一切触れる（言及する）必要はなかった。

　それにもかかわらず、①「共同して」の要件として意思の連絡が必要である、②寡占的価格協調行動の規制のルールについて「特定の事業者が、他の事業者との間で対価引上げ行為に関する情報交換をして、同一又はこれに準ずる行動に出たような場合には、右行動が他の事業者の行動と無関係に、取引市場における対価の競争に耐え得るとの独自の判断によって行われたことを示す特段の事情が認められない限り、これらの事業者の間に、協調的行動をとることを期待し合う関係があり、右の『意思の連絡』があるものと推認されるのもやむを得ないというべきである。」という誤った法解釈を残した。

　（4）　多摩地区入札談合事件最高裁判決　　合意の成立に至らない段階の協調行動について意思の連絡が形成されたと推認した基本先例は、多摩地区入札談合事件最高裁判決*14である。

　同事件の行為は、協定の締結による合意までは認定できない協調行動であり、意思の連絡の形成が推認されるか否かが問題となるとしたこと、および同事件の行為について、意思の連絡が推認されて不当な取引制限が成立するとしたことは妥当である。

　誤りは、不当な取引制限の要件について、「共同して」と「相互にその事業活動を拘束し」（相互拘束）でなく、「共同して……相互に」と「その事業活動

---

*14　最判平成24（2012）年2月20日民集66巻2号796頁。

を拘束し」に分けたうえ、意思の連絡の形成について「共同して……相互に」
を充足するとしたことにある。

　同最高裁判決は、「本件基本合意は、各社が、話合い等によって入札におけ
る落札予定者及び落札予定価格をあらかじめ決定し、落札予定者の落札に協力
するという内容の取決めであり、入札参加業者又は入札予定 JV のメインとな
った各社は、本来的には自由に入札価格を決めることができるはずのところを、
このような取決めがされたときは、これに制約されて意思決定を行うことにな
るという意味において、各社の事業活動が事実上拘束される結果となることは
明らかであるから、本件基本合意は、2 条 6 項にいう『その事業活動を拘束
し』の要件を充足するものということができる。そして、本件基本合意の成立
により、各社の間に、上記の取決めに基づいた行動をとることを互いに認識し
認容し歩調を合わせるという意思の連絡が形成されたものといえるから、本件
基本合意は、同項にいう『共同して……相互に』の要件も充足するものという
ことができる。」とした。

　最後の部分は「本件基本合意は、2 条 6 項にいう『相互にその事業活動を拘
束し』の要件を充足するものということができる。そして、本件基本合意の成
立により、いまだ協定を締結したという段階にいたらなくとも、各社の間に、
上記の取決めに基づいた行動をとることを互いに認識し認容し歩調を合わせる
という意思の連絡が形成されたものといえる場合にはその意思の連絡の形成は、
同項にいう『相互にその事業活動を拘束し』の要件を充足するものということ
ができる。」とすることが相当であった。

　(5)　現在の東京高裁段階の意思の連絡を唯一の要件とする解釈　　現在東
京高裁（段ボール製品価格協定事件）は、基本的に、多摩地区入札談合事件最高
裁判決を引用し、「複数の事業者が対価を引き上げる行為が、独占禁止法 2 条
6 項の『不当な取引制限』にいう『共同して……相互に』の要件に該当すると
いうためには、当該行為について、相互の間に『意思の連絡』があったと認め
られることが必要であるところ、ここにいう『意思の連絡』とは、複数事業者
間で相互に同内容又は同種の対価の引上げを実施することを認識ないし予測し、
これと歩調をそろえる意思があることを意味」するとしている。

　カルテル行為について、協定が締結されることにより合意が成立する行為で

あるか、未だ合意が成立したに至らない段階の協調行動であるかを問わず、一律に「複数事業者間で相互に同内容又は同種の対価の引上げを実施することを認識ないし予測し、これと歩調をそろえる意思があることを意味」する意思の連絡の形成が推認されるかで不当な取引制限が成立するかを決定するものとなっている。

東芝ケミカル事件東京高裁判決および多摩地区入札談合事件最高裁判決を受けた、「共同して」の要件と、法文にない意思の連絡概念を過度に重視する誤った法解釈である。この結果、価格引上げ協定の締結による合意の成立が認定されるカルテルについても、協調関係など要証事実に当たらない事実まで要証事実であるかのように認定して、事実認定をあいまいなものとする原因となっている。

3　判例法の事実関係に基づく整理

（1）　協定の締結による合意の成立と協調行動についての意思の連絡の区別

現行判例法を見直すうえでは、カルテルとされる行為について、協定の締結による合意の成立が認定される行為と、合意にまでは至らない段階の協調行動に当たり意思の連絡が推認される行為とを区別することが重要である。

独占禁止法でも、大部分のカルテル行為は協定の締結による合意が成立すると事実認定されている。意思の連絡の形成が推認される協調行動が問題となるカルテル行為はきわめて限定される。

（2）　合意の成立が認定される行為　　前記の観点から、もう一度過去の主要関連判例を見直すと次のようになる。『独占禁止法〔第 10 版〕』および『条解独占禁止法〔第 2 版〕』（弘文堂・2022 年）における判例法の整理を次のとおり修正する*15。

協和エクシオ事件の行為およびモディファイヤー価格協定事件の行為は、協定が締結されて合意の成立が認定される行為として分類される。

協和エクシオ事件で、東京高裁は、基本合意について「注文に係る工事又は役務等の取引分野に属する請負業者が、その受注をするに当たり、受注予定者

＊15　両書のカルテル事件の分類法について、合意とは協定の締結による合意の成立をいい、意思の連絡とは協調行動についての意思の連絡の推認をいう。

を協議して定める旨の合意をし、又はかかる合意とともに、受注予定者とならない者は受注予定者が受注できるように入札価格等の点で協力することを約する旨の合意をすること（いわゆる受注調整カルテル）」と定義し、「かぶと会会員となった 10 社間には、同会の設立準備の過程において、遅くとも同会設立の日である昭和 56 年 3 月 1 日直前までには本件基本合意が成立し」たという公取委審決の事実認定について「本件基本合意成立を認めた本件審決の認定は、間接事実の認定に関しても、間接事実から主要事実を推認する過程に関しても、実質的証拠を欠くものではな」いとした。

　さらにこの件では、「個々の話合いは、成立した 1 個の本件基本合意に基づいて継続してなされたものであり」としており、受注予定者の決定等の単一合意が成立している。ちなみに、本件判決では、2 条 6 項の要件に関連して、意思の連絡という用語は一言も出てこない*16。

　モディファイヤー価格協定事件で、東京高裁は、平成 11 年合意について、「平成 11 年 10 月中旬ころまでに、3 社の営業部長級であるカネカの泥、三菱レイヨンの澤及びクレハの船見は、塩化ビニル樹脂向けモディファイヤーの販売価格引上げを行う方針を確認したこと」、「平成 11 年の合意については、まず、3 社の営業課長級の者による相互間の意向確認がされたが、各社において塩化ビニル樹脂向けモディファイヤーの販売価格引上げを実施するためには、営業部長級の者の判断が必要とされていたところ、3 社の営業課長級の者から報告を受けた 3 社の営業部長級の者は、当該報告を踏まえて、又は、クレハの船見がカネカの泥から販売価格引上げの意向を聞き出した旨供述……するように他社の営業部長級の者とのやり取りを通じて、他社の販売価格引上げの意思を認識し、これに合わせて自社も販売価格を引き上げることを決定し、これに基づいて 3 社の営業課長級の者により販売価格引上げを打ち出し額及び実施時期の具体的内容が決定されたものと推認される。すなわち、3 社は、塩化ビニル樹脂向けモディファイヤーの販売価格引上げの合意を行ったことを認めることができる。」とし、平成 12 年合意について、「平成 11 年の合意の下における 3 社間の協調関係が継続し、3 社間で再度販売価格引上げが必要であるとの認

---

*16　東京高判平成 8（1996）年 3 月 29 日審決集 42 巻 424 頁（協和エクシオ事件）。

識が生まれ、また、塩化ビニル樹脂向けモディファイヤーの原料の価格動向等
に関する情報交換を通じて需要者の理解が得られる妥当な販売価格引上げ額に
ついても 3 社間で一定の認識を共有していることがうかがわれる。」と判示し
ている。

　違反行為の終了時期について、「本件違反行為を構成する平成 11 年の合意及
び平成 12 年の合意は、平成 14 年 12 月 31 日以前には破棄されておらず、また、
これらの合意による相互拘束が事実上消滅していると認められる特段の事情は
認められないというべきである。他方、クレハの営業譲渡契約の効力発生時で
ある平成 15 年 1 月 1 日以後は、クレハの営業を承継したローム・アンド・ハ
ース・ジャパンと原告らとの間で塩化ビニル樹脂向けモディファイヤーの販売
に係る価格競争が行われており、平成 11 年の合意及び平成 12 年の合意による
相互拘束は事実上消滅するに至ったと認められる。」とした[17]。

　この件は、平成 11 年合意と平成 12 年合意の 2 つに分けて事実認定されてい
ることと、直前の東芝ケミカル事件東京高裁判決の法解釈の悪影響を受けてい
るため、明快さを欠くが、判決中の上記事実によると、平成 11 (1999) 年 10 月
中旬ごろに、3 社間における価格引上げ協定の締結を行った旨認定でき、その
単一の合意に基づき 2 回の価格引上げが行われて、平成 15 (2003) 年 1 月に合
意は消滅したと認定される。この認定の方が、今日の単一カルテルの実行期間
についての基本先例であるコーンスターチ事件東京高裁判決の事件処理とも合
致する。

　このように、大多数のカルテル事件では、価格引上げ協定が締結されて合意
が成立したとして事件処理している。

4　当事者、参加者の認定問題

（1）　カルテル本体とその参加者の認定　　協定の締結による合意が成立す
ると認定されるカルテル、合意の成立に至らない段階の協調行動について意思
の連絡が推認されるカルテルに共通であるが、カルテル行為本体に合意の成立
が認められるか、意思の連絡が推認されるのかという問題と特定事業者がその

---

*17　東京高判平成 22 (2010) 年 12 月 10 日審決集 57 巻第 2 分冊 222 頁。

カルテル行為の当事者・参加者であるのかという問題とは別問題である。

　コーンスターチ価格協定事件の行為および段ボール製品価格協定事件の行為は、協定の締結による合意が成立すると認定されるカルテルについての合意時点での参加者の認定と合意後の参加者の認定が問題となる。いずれも東芝ケミカル事件東京高裁判決がカルテル合意への参加者の認定について、「共同して」という要件、意思の連絡概念をもち出したことが誤りであることを明らかにする。さらに、多摩地区入札談合事件最高裁判決を受けた、「共同して」という要件と意思の連絡を結び付けた、さらには意思の連絡の推認を唯一の立証方法とする東京高裁段階の現行判例理論に疑問があることを明らかにする。

　なお、現行法のもとで、排除措置命令は「必要な措置を命ずることができる」と規定され（7条）、公取委は違反事業者のうち排除措置を命じる事業者を選別することができる。課徴金納付命令は「課徴金を国庫に納付することを命じなければならない」と規定され（7条の2）、公取委は課徴金額が算定される違反事業者に対して納付命令を命じることが義務付けられる。

(2)　コーンスターチ価格協定事件東京高裁判決　　**（ア）　あるべき事実認定と法適用**　　コーンスターチ価格協定事件東京高裁判決*18が現在における基本先例である。

　この件の行為は、関係7社が平成22 (2010) 年10月5日に相互拘束に該当する「とうもろこしのシカゴ相場の上昇に応じて、段ボール用でん粉の価格の引上げを共同して行っていく」旨の協定を締結することにより合意が成立したと認定される。

　この件で、東京高裁は、事案の概要において、違反事実を以下のように詳しく事実認定している。

　平成22 (2010) 年11月5日に本件会合が開催された。この会合で、関係7社は、とうもろこしのシカゴ相場の上昇に応じて、段ボール用でん粉の価格の引上げを共同して行っていく旨合意した。

　1次値上げとして、平成22 (2010) 年11月から12月ごろに、引き上げ幅を1 kg当たり10円以上とする旨の値上げの申入れがなされた。1次値上げにつ

---

*18　東京高判令和2 (2020) 年9月25日審決集67巻401頁（コーンスターチ事件）。

いては、平成 23 (2011) 年 2 月 28 日ごろに同年 3 月 1 日納入分から 1 kg 当たり 8 円引き上げることで妥結した。2 次値上げとして、平成 23 (2011) 年 3 月から 5 月ごろに値上げの申入れがなされた。2 次値上げについては、平成 23 (2011) 年 5 月中旬に、同月 21 日納入分から 1 kg 当たり 5 円の値上げで妥結した。3 次値上げとして、平成 23 (2011) 年 6 月から 8 月ごろに値上げの申入れがなされた。3 次値上げについては、同年 10 月ごろのシカゴ相場における下落傾向が明確になったため、交渉は妥結しないまま立ち消えになった。公取委は、平成 24 (2012) 年 1 月 31 日に 7 社の営業所に立入検査を実施した。

　この認定によると、関係 7 社が、平成 22 (2010) 年 11 月 5 日に、とうもろこしのシカゴ相場の上昇に応じて、段ボール用でん粉の価格の引上げを共同して行っていく旨の価格引上げ協定を締結することにより合意が成立し、1 次値上げ行為、2 次値上げ行為、3 次値上げ行為を経て、本件合意は平成 24 (2012) 年 1 月 31 日の公取委による立入検査を受けて平成 24 (2012) 年 1 月 30 日に消滅した。したがって、関係 7 社間のカルテル合意は平成 22 (2010) 年 11 月 5 日から平成 24 (2012) 年 1 月 30 日まで継続した。

　これが、本件排除措置命令および課徴金納付命令のための違反事実、要証事実である。「協調関係を維持していた」という平成 22 (2010) 年 11 月 5 日以前の協調関係の存在は認定することはかまわないが、要証事実ではない。

　さらに、王子コンスが合意の首謀者であること、および加藤化学が本件合意の参加者とは独立して取引相手方と価格交渉を行っており本件合意の参加者に当たらないことも明確に認定されている。

　　（イ）　争点の区別　　この件では、原告 J-オイルミルズが審判審決に対する取消訴訟を提起した。

　東京高裁は、当裁判所の判断として、争点 1「『原告が関係 6 社と共に本件合意をした』との事実認定には、これを立証する実質的証拠が存在するか」、争点 2「本件合意は不当な取引制限に該当するか」に分けて判断している。これが、この件の論点整理として相当である。

　　（ウ）　争点 1 について　　争点 1 について、原告の担当者は「会合には参加できないが、原告は会合で決まったことに従う」旨王子コンスの担当者に伝え、その旨会合でも報告されたこと、王子コンスの担当者は原告の担当者に本

件会合の結果を伝えたこと、その後も原告の担当者は王子コンスなどの担当者と情報交換等をしていたことから原告は本件合意の参加者であると認定している。この認定においては、専ら、供述調書、供述内容の信頼性という証拠価値評価が争われており、判決においても供述調書、供述の信頼性が論じられている。このように、争点１は専ら事実認定の問題である*19。

　　（エ）　争点２について　　争点２は関係７社が「とうもろこしのシカゴ相場の上昇に応じて、段ボール用でん粉の価格の引上げを共同して行っていく」旨の合意を行ったことが不当な取引制限の相互拘束に該当して「一定の取引分野における競争を実質的に制限する」を充足すると判断される。

　東京高裁は、「本件合意は不当な取引制限に該当するか」という争点について、「本件においては原告が関係６社と共に、本件会合が開催された平成22年11月５日までに、各社の担当者らが話し合うなどして、今後、とうもろこしのシカゴ相場の上昇に合わせて段ボール用でん粉の価格を共同して行っていく旨の合意（本件合意）をしたことが認められるといえるためには、それが、他の事業者と共同して対価を引き上げ、その事業活動を拘束し又は遂行することにより、公共の利益に反して、一定の取引分野における競争を実質的に制限するものであることを要する」としたうえ、「原告及び関係６社の間には、他の事業者と共同して対価を引き上げる旨の『意思の連絡』があったものといえる」、「本件合意は、原告及び関係６社の事業活動を『相互に拘束』するものであったといえる」、「原告及び関係６社が製造販売する段ボール用でん粉の合計が、我が国における同商品の８割を超えるシェアを占めていたこと……からすれば、……我が国における段ボール用でん粉の取引分野における『競争を実質的に制限する』ものであったことは明らかといえる」としている。

　この中で、「共同して」なる要件を加えなかったことは正しく、意思の連絡があった旨の認定は不要であった。意思の連絡を認定したのは、この判決当時、具体的な値上げ幅や実施時期が一応要証事実であると考えられていたことの悪影響であると考えられる。具体的な値上げ幅や実施時期の認定はカルテル合意の要件ではないとしたうえで、（相互拘束に該当する）「今後、とうもろこしのシ

---

*19　東京高判令和２（2020）年９月25日審決集67巻401頁（コーンスターチ事件）。

カゴ相場の上昇に応じて、段ボール用でん粉の価格の引上げを共同して行っていく」旨の協定を締結して合意したと認定することが相当であった。

この判決の価値は、論点として、カルテル本体の取扱いとカルテル合意への参加者の特定問題を区別したところにある。

(3) 段ボール製品価格協定事件東京高裁判決　（ア）　**あるべき事実認定および法適用**　この件で認定される事実は、平成 23 (2011) 年 10 月 17 日に三木会の出席者間において同日相互拘束に該当する、レンゴーおよび王子コンテナーが公表した値上げ幅に沿った値上げをする旨の価格引上げ協定が締結されて合意が成立したことである[20]。その後、10 月 17 日三木会の出席者以外の東段工の組合員等の段ボールメーカーも各支部会に出席することにより前記協定による合意に参加した。その場合、10 月 17 日三木会の出席者以外の東段工の組合員等の段ボールメーカーが本件合意に参加したとされる日は各支部会等に出席した日であって、10 月 17 日よりも遅い日となる。そのため、後から値上げ協定の参加した地場の独立系段ボールメーカーについては、課徴金算定のための実行期間の始期は、当該支部会に出席した日以降になる。

本件判決の価値は、最初の部分の事実認定にある（20 頁～61 頁）。事実認定において、三木会の開催状況・会合内容[21]、各支部会の開催状況・会合内容（特に、10 月 17 日三木会の直後に開催された各支部会の会合内容）、10 月 17 日以降における三木会と各支部会の協力・調整活動が、審判審決と比べて、格段に詳しく事実認定されている。

この事実認定のもとで、各支部会の出席者は三木会合意に参加したと認定される。また、その認定事実からは、10 月 17 日三木会出席者間に協定の締結による合意の成立を認めて、各支部会出席者は各支部会に出席することにより三木会合意に参加したと認めることができる。

誤りは、①10 月 17 日三木会出席者間に値上げを行うとの意思が形成され意思の連絡が成立した、②支部会ごとに出席者間に値上げを行う意思が形成され、

---

[20]　平成 23 (2011) 年 10 月 17 日三木会に出席したダンボールメーカーのほか、当該出席者と同一資本系列に属する段ボールメーカーを本件合意の当事者と認定することは可能である。

[21]　会合が重ねて開催される場合に、どの会合で協定が締結されて合意が成立したと認定するかはそれ自体事実認定の問題である。本件事実認定から 10 月 17 日三木会で最終的に協定が締結されて合意が成立したことが明らかである。

その旨の意思の連絡が成立した、③各支部会出席者は 10 月 17 日三木会で成立した意思の連絡に参加したという認定にある。いずれも、事実認定よりも、意思の連絡の形成・意思の連絡の推認を万能なものとするルールに起因する過ちといわざるを得ない。

　（イ）　10 月 7 日三木会合意　　（a）　事実認定の過ち　　三木会合意について「本件各合意について、上記のような意思の連絡が認められるかどうかについて検討する。……本件においては、段ボールメーカーの間で、段ボール原紙の値上がりに伴い段ボール製品の値上げをする際には、レンゴー及び甲事件原告王子コンテナーが値上げを表明し、それ以外の段ボールメーカーは両者の示した値上げ幅を指標として実施するのが通例であり、また、従前から、段ボール製品の値上げに当たっては、各社が足並みをそろえて行うことが必要であると認識されており、値上げを実施する時期に値上げを実施しないで取引の拡大を狙うことは行うべきでないとされ、仮にこれを行った場合には他の事業者等からの抗議活動の対象となり、また、このような値上げを実施する時期には、東段工の三木会及び支部の会合において、情報交換が行われてきたという慣行が存在していたところ、平成 23 (2011) 年 8 月下旬に、レンゴーが段ボールシートにつき 1 m² につき 8 円以上、段ボールケースにつき 13% 以上という値上げ幅での値上げを公表し、他の段ボールメーカーに基づき値上げを働きかけ、同年 9 月 28 日に、甲事件原告王子コンテナーがレンゴーの値上げ幅と大きな差異のない幅で段ボール製品の値上げをする旨公表し、10 月 17 日三木会では、本部役員各社の多くがレンゴー及び甲事件王子コンテナーが公表した値上げ幅に沿った値上げをすることを表明し、それ以外の本部役員会社や各支部の支部長等も値上げをすること自体は表明していたという事実が認められる。そうすると、前記慣行の下では、上記のような各社の表明により、10 月 17 日三木会の出席者の間では、10 月 17 日三木会の出席者以外の東段工の組合員等の段ボールメーカーも、その合意内容に沿った段ボール製品の値上げをするであろうという認識を前提に、上記の値上げ幅での値上げを行うことについて意思の連絡が成立し、本件各合意が成立したというべきである。」とした。

　この前半部分である、段ボール業界におけるいわゆる事前の「慣行」ないし「協調関係」については認定できる場合に事実認定することはかまわないが、

そのことは本件のように引上げ協定の締結が認定される行為については排除措置命令および課徴金納付命令のための要証事実には当たらない。

　後半部分の「そうすると、前記慣行の下では、上記のような各社の表明により、10 月 17 日三木会の出席者の間では、10 月 17 日三木会の出席者以外の東段工の組合員等の段ボールメーカーも、その合意内容に沿った段ボール製品の値上げをするであろうという認識を前提に、上記の値上げ幅での値上げを行うことについて意思の連絡が成立し、本件各合意が成立したというべきである。」は意味不明な事実認定となる。10 月 17 日三木会合意について「10 月 17 日三木会の出席者の間では、10 月 17 日三木会の出席者以外の東段工の組合員等の段ボールメーカーも、その合意内容に沿った段ボール製品の値上げをするであろうという認識」をもっていたことから「上記の値上げ幅での値上げを行うことについて意思の連絡が成立し」は、要証事実として不要な事実であり、三木会出席者が上記認識を有したことから 10 月 17 日三木会出席者（12 ないし 13 社）と後から支部会に出席した者との間で 10 月 17 日時点に合意が成立した、または意思の連絡が形成されたとはいえない。

　　　（b）　誤った法理論と法適用　　東京高裁は、前述のとおり「共同して」という要件と意思の連絡の推認とを結びつける解釈を採用した。

　この法解釈は、「共同して」という要件をもち出していること自体が誤りである。カルテル行為について、協定が締結されることにより合意が成立する行為であるか、未だ合意が成立するに至らない段階の協調行動であるかを問わず、一律に「複数事業者間で相互に同内容又は同種の対価の引上げを実施することを認識ないし予測し、これと歩調をそろえる意思があることを意味」する意思の連絡の形成が推認されるかで不当な取引制限が成立するかを決定する点も、意思の連絡概念を唯一かつ万能の要件とするものであり、誤りである。

　協定が締結されて合意が成立したと認定すべき行為について、意思の連絡の形成が推認されると法律構成したことが、本件排除措置命令等で「特定段ボールシートの製造業者 57 社が平成 23 年 10 月 17 日に共同して販売価格を引き上げる旨の合意を行った。」「特定段ボールケースの製造業者 63 社が平成 23 年 10 月 17 日に共同して販売価格を引き上げる旨の合意を行った。」[22]という事実認定におけるミスをした原因となる。要するに、10 月 17 日三木会出席者が

「東段工管内の他の支部においても同様な意思の連絡が成立するという認識」を有していたことから、10月17日三木会出席者以外の段ボールメーカーもその時点で当該合意の当事者または参加者であるとはいえない。

　（ウ）　支部会への出席者の三木会合意への参加　　各支部会の内容等について「また、本件11道県以外の本件支部会等（10月19日東京・山梨支部会、10月31日静岡支部会、11月2日埼玉支部会、11月9日千葉・茨城支部会及び11月17日神奈川支部会）においては10月17日三木会の経緯が報告され、本件11道県の本件支部会等においても、レンゴー及び甲事件原告王子コンテナー又はこれらのグループ各社の出席者が、レンゴー及び甲事件原告王子コンテナー又はこれらのグループ各社がレンゴー及び甲事件原告王子コンテナーの公表した値上げ幅での値上げを行うことになった旨の発言をし、本件支部会等の出席者にあっては、これに対して反対の意思を表明した者はいなかった。」「そうすると、前記慣行の下では、本件支部等の出席者は、10月17日三木会の経緯の報告又はレンゴー及び甲事件原告王子コンテナー又はそのグループ各社の出席者の発言により、東段工管内全域にわたり、東段工の組合員等の段ボールメーカーが、レンゴー及び甲事件原告王子コンテナーが公表した値上げ幅による値上げを行うものと相互に認識しつつ、これを認容して自ら値上げの方針を発表し又は値上げに反対の意を表さなかったというべきであり、これらによれば、本件支部会等の出席者にあっては、東段工管内の他の支部においても同様な意思の連絡が成立するという認識を前提に、上記の値上げ幅での値上げを行うことについて意思の連絡が成立し、これによって、本件支部会等の出席者も、本件各合意に参加したというべきである。」とした。

　本件判決においては、審判審決と比べて、三木会と各支部会との関係、本件で問題となった各支部会における会合の状況・内容、出席者の各発言内容が詳細に認定されている。東京高裁は、各支部会の内容等について「また、本件11道県以外の本件支部会等（10月19日東京・山梨支部会、10月31日静岡支部会、11月2日埼玉支部会、11月9日千葉・茨城支部会及び11月17日神奈川支部会）にお

*22　公取委排除措置命令平成26（2014）年6月19日審決集61巻108頁、公取委排除措置命令平成26（2014）年6月19日審決集61巻117頁、公取委審判審決令和3（2021）年2月8日審決集67巻138頁。

いては 10 月 17 日三木会の経緯が報告され、本件 11 道県の本件支部会等にお
いても、レンゴー及び甲事件原告王子コンテナー又はこれらのグループ各社の
出席者が、レンゴー及び甲事件原告王子コンテナー又はこれらのグループ各社
がレンゴー及び甲事件原告王子コンテナーの公表した値上げ幅での値上げを行
うことになった旨の発言をし、本件支部会等の出席者にあっては、これに対し
て反対の意思を表明した者はいなかった。」としている。この認定事実から、
各支部会出席者は支部会に出席することによって 10 月 17 日三木会合意に参加
したと認定できる[*23]。すなわち、「本件支部会等の出席者にあっては、東段
工管内の他の支部においても同様な意思の連絡が成立するという認識を前提に、
上記の値上げ幅での値上げを行うことについて意思の連絡が成立し」は不要な
認定事実であり、各支部会出席者は支部会に出席し 10 月 17 日三木会合意に参
加したということで十分である[*24]。

　この判決の問題点は、カルテル本体について協定の締結による合意の成立を
認定すべきところ、その認定が行われていないこととともに、協定の締結によ
る合意の認定というカルテル本体の認定問題とカルテル合意への参加者の特定
問題を区別していないところにある。これは時系列で事実認定すると明らかで
ある。

5　意思の連絡が推認される行為

（1）　意思の連絡の形成の推認が問題となる行為　　　他方、これまでのカル
テル事件で、協定の締結による合意が成立したとまでは認定できない行為につ
いて、意思の連絡の形成が推認されるか否かが争われている。意思の連絡の形
成が推認される行為としては、価格協定に係る行為である元詰種子価格協定事
件の行為（元詰業者間の協調的関係）と受注予定者の決定に係る行為である多摩
地区入札談合事件の行為（ゼネコン間の慣行）がある[*25]。両判決のなかでは、

[*23]　そのため、後から値上げ協定に参加した地場の独立系段ボールメーカーについては、課徴金
　　算定のための実行期間の始期は、当該支部会に出席した後になるが、この点は本件課徴金額の
　　算定において争点となっておらず、特段問題は生じていない。
[*24]　三木会が各支部から値上げ活動の情報提供を受けてこれを集約したり、値上げ活動が十分で
　　ない事業者に対して値上げを促すよう各支部に指示するという活動を実際に行っていたこと、
　　また三木会が各支部に対して指揮命令をすることや、三木会が各支部との間で司令塔的な役割
　　を果たしていたことは、この事実認定と矛盾しない。

意思の連絡の推認については元詰種子価格協定事件東京高裁判決の先例価値の方が高い。

　価格協定に係る行為であるシャッター事件（全国合意）の行為は、協定の締結による合意の成立が認定できないために、その協調行動について意思の連絡が形成されたと推認することができるか否かが争われる事案である。

（2）　元詰種子価格協定事件東京高裁判決　元詰部会の討議研究会においては、毎年、野菜種子の作柄状況、市況等について情報交換が行われた後、基準価格の検討に進み、はくさい、キャベツおよびだいこんの元詰種子の「A」「B」「C」の等級区分ごとに、並びにかぶについて、基準価格を引き上げるか、引き下げるか、又は据え置くかに係る各元売業者の希望についてアンケート調査が行われ、その集計結果が発表された後基準価格について意見交換が行われ、これを司会が取りまとめて、4種類の元詰種子について小売価格の基準価格が決定された。引き続き、容量に応じた、共同購入価格、農協価格、大卸価格、小売価格の基準価格が決定され、席上で発表された。

　各社の価格表価格の設定状況について「32社は、平成10年度及び平成11年度において、それぞれ自社の販売する4種類の元詰種子について、概ね基準価格の引上げ幅又は引上げ率に沿って当年度の価格表価格を前年度の価格表価格から引き上げていた。また、32社は、平成12年度及び平成13年度において、それぞれ自社の販売する4種類の元詰種子について、当年度の価格表価格を前年度の価格表価格から概ね据え置いていた」。

　ただし、元詰部会員の間で、各社の価格表価格を基準価格に合わせて設定する旨の協定が締結されたとの事実は認定されていない。

　そこで、東京高裁は、「32社は、討議研究会の欠席者も含め、少なくとも平成10年から平成13年までの間、討議研究会で決定した基準価格により、その前年度からの変動に従って、自社の元詰種子の価格表価格を定め、その後の販売に当たっても概ね基準価格に連動した価格で販売を行い、基準価格に定められている容量と同じ容量の品種については、基準価格と一致する価格定めるこ

---

*25　共同行為規制全体をみても、現在までのところ、このほかに意思の連絡の推認が問題となり、意思の連絡が推認される行為としては、共同の取引拒絶に関する着うた事件の行為があるのみである。

とも多かったものであることから、このような状態が少なくとも 4 年間継続し
ていたことを考慮すると、自社の価格表価格に討議研究会で決定した基準価格
の変動を反映させていた 32 社は、討議研究会で決定する基準価格に基づいて
自社の価格表価格を設定し、販売を行うものであること、すなわち、……他の
事業者が同様に基準価格の決定に基づいた価格表価格を設定していることを認
識し得たものといえ、このような状態が継続していたことに照らせば、元詰部
会の構成員である少なくとも 32 社は各社が基準価格の決定に基づいてそれぞ
れ販売価格を設定するものと相互に認識していたものと推認される。」とし、
「32 社が相互に本件合意の内容を認識し、認容していたことも当然その内容と
なっているものというべきである」から、相互拘束に該当する意思の連絡が推
認されるとした。

　東京高裁は、「共同して」という要件には一切触れずに、「相互拘束性につい
て」と題して、32 社は、自社が基準価格に基づいて価格表価格および販売価
格を定めるとともに、他社も基準価格に基づいて価格表価格および販売価格を
定めるとの認識を有していたことから、その限度で事業者相互の競争制限行動
を予測することが可能であったといえるのであって、不当な取引制限にいう相
互拘束性の前提となる相互予測としてはその程度で足りると解するのが相当で
あるとしたうえで、「意思の連絡があるというためには、複数事業者間におい
て、相互に、討議研究会で決定した基準価格に基づいて価格表価格及び販売価
格を設定することを認識ないし予測し、これと歩調をそろえる意思があれば足
りる」としている。すなわち、この件は、意思の連絡は相互拘束性を判断する
概念とされている。

　さらに、原告らが、「市場における競争機能に有効な影響を与え得ないもの
であるから、不当な取引制限は成立しないと主張した」のに対して、「4 種類
の元詰種子について、いずれも 9 割以上のシェアを占める 32 社が、本来、公
正かつ自由な競争により決定されるべき商品価格を、継続的なやり方であるこ
とを認識した上で、同業者団体である日種協元詰部会の討議研究会において協
議の上決定する基準価格に基づいて定めるとの合意をすること自体が競争を制
限する行為にほかならず、市場における競争機能に十分な影響を与えるものと
推認することが相当である」としている。これが多摩地区入札談合事件最高裁

判決の「当該取引に係る市場における競争機能を損なうこと」という用語に結び付いたものと評価される*26。

　多摩地区入札談合事件最高裁判決は、本来意思の連絡の推認については、東芝ケミカル事件東京高裁判決でなく、この東京高裁判決を引用すべきであった。

　(3)　多摩地区入札談合事件最高裁判決　　最高裁判決は、「多摩地区に営業所を置くゼネコンは、以前、三多摩健友会と称する組織に会員として参加していた。同組織は、昭和54年頃から平成4年頃まで存続し、上告人が同年に会員ゼネコンを含む埼玉県発注の土木事業の入札への参加者に対して勧告を行ったのを機に解散したが、その後も、旧会員らのほか、解散後に多摩地区に進出したゼネコンや多摩地区に営業所を置かずに事業活動を行っているゼネコンの営業担当者も含めて、恒例的に懇親会が開催されていた。また、同組織の解散以前はゼネコン各社の営業担当者の名簿が作成されていたところ、同組織の解散後もほぼ同じ体裁の名簿が作成されていた。」としている。

　東京高裁は、本件慣行について、「本件基本合意は、文書化され、あるいは合意の参加者が一堂に会する等として定められたものではなく、その当事者が誰なのかを明確にする基準があるとは認められない。また、受注調整の方法及び基準、受注予定者の決定の手続、各ゼネコン間の連絡方法、違反に対する制裁等のルールが具体的に定められているとはいえず、その存在や内容について何らかの周知措置がとられたとも認められない（関係者の多くは、多摩地区で営業活動をするゼネコン間の慣行と称している）。」としている。

　しかし、本件行為では、ゼネコン間の個別調整行為は事実認定されている。ただし、ゼネコンが会合で新たに申し合わせを確認するなどの事実は認定されていない。そこで、本件基本合意に関して、個別調整行為の実態から、「同組織の解散後においても、多摩地区において事業活動を行うゼネコン各社は上記と同じ認識を有していた。」のであり、平成9（1997）年10月1日以降も受注予定者を事前に話し合いで決定するという意思の連絡の存在を推認することが相当であった。

---

*26　東京高判平成20（2008）年4月4日審決集55巻791頁（元詰種子事件）。

6　シャッター価格協定事件東京高裁判決

（1）　意思の連絡の推認の限界事例　　価格協定としてのシャッター事件（全国合意）の行為は、そもそも東芝ケミカル事件東京高裁判決の寡占的価格協調行動に係るルールに先例価値はないうえ、仮にそのルールを適用したとしても、その認定事実からは意思の連絡を推認することは相当でなかったと評価される。

本件判決では、「第 3 当事者の主張」に基本的な認定事実がまとめられている。なかでも、3 社の主張に対する「公取委の反論」が本件認定事実について有益である。

全国合意に係る認定事実の要点は、①平成 20（2008）年 4 月 1 日からの 10% 値上げに関して、3 社の役員級や営業担当者の会合としては、平成 20（2008）年 3 月 5 日の役員級 3 名の会合しか存在しない、②平成 20（2008）年 3 月 5 日以前に 4 月 1 日からの値上げに向けての 3 社間の情報交換は存在しない、③平成 20（2008）年 3 月 5 日以降も、4 月 1 日値上げについての 3 社間の情報交換は存在しない、である。このことから、平成 20（2008）年 3 月 5 日から同年 11 月 18 日までに協調関係、協調行動について意思の連絡が形成されたと推認されるか否かが争点である。

協調行動の内容は「3 社は本件会合後に特定シャッターについての販売価格の引上げ目標を 10 パーセントと定め、それぞれ上記目標を各支店営業所に示して販売価格の引上げを指示した」という各社の値上げ行為、値上げ状況である。

（2）　協調行動と意思の連絡　　東京高裁は「独禁法 2 条 6 項の不当な取引制限としての『共同して……相互に（その事業活動を拘束し、又は遂行すること）』とは、事業者らの間で互いに認識し認容して歩調を合わせる意思の連絡を形成すること、例えば、その一定の競争回避的な事業活動が共同で対価を引き上げることである場合には、同内容又は同種の対価の引上げを実施することを互いに認識し認容して歩調を合わせる意思の連絡を形成したことが必要であり、かつそれで足りるのであって、事業者相互間で拘束し合うことを明示して合意することまでは必要でなく、黙示的なもので足り、抽象的、包括的なものでもよく、実効性を担保する制裁等の定めがないものでも足りると解するべきであ

る。」としている。

「共同して」という要件と意思の連絡の推認を結びつけたルールが誤りであることは先に説明したとおりである。「共同して……相互に（その事業活動を拘束し、又は遂行すること）」は多摩地区入札談合事件最高裁判決の「共同して……相互に」「拘束すること」をさらにあいまいな概念にしている。

本来は、協定の締結による合意が成立したとまではいえない段階の協調行動（全国合意）について、意思の連絡の形成が推認されるときに、すなわち同一行動をとることを認識し歩調を合わせるという意思の連絡の形成が推認されると、相互拘束に該当すると判示することが相当である。

（3）　本件判決の事実関係のもとでの協定の締結による合意の成立の可能性

この件の事実認定のもとでは、平成 20（2008）年 3 月 5 日以後に 3 社間の情報交換等は存在しないとされており、さらに、4 月 1 日からの値上げに向けての 3 月 5 日以前の 3 社間の情報交換についても事実認定されていないことから、協定による合意が認定される場、時期は、平成 20（2008）年 3 月 5 日にもたれた 3 社の役員級の者 3 名による都内の飲食店での会合しかありえない。

東京高裁は、この会合について「本件会合の状況と題して」、次のように事実認定している。「佐々木、福田及び生瀬は、平成 20 年 3 月 5 日、東京都内の飲食店において、3 人のみで本件会合を開いた。

本件会合では、鋼材価格の上昇が話題となり、3 人のうちのいずれかが、鋼材価格の上昇に対応するためには、シャッター等の販売価格も引き上げなければならない旨の発言をした。佐々木は、シャッター等の販売価格の引上げについて『10 パーセントくらいは欲しいですよね。』などと述べ、福田及び生瀬もこれに反対することなく、『そうですよね。』などと回答した。その上で、福田は、販売価格の引上げの方法について、『見積書で提示する価格をあげないとどうしようもないでしょう。』などと述べ、生瀬も、積算価格（なお、同人は、これを『見積価格』と称している）の引上げにより販売価格を引き上げる旨の意向を示した。

また、福田は、原告文化としてはシャッター等の販売価格の引上げに当たり新聞発表をする旨述べたところ、佐々木も、これに賛同し、原告三和Ｓとしても新聞発表をすると思うなどと述べた。

　その際、シャッター等の販売価格の引上げ時期は明言されなかったが、シャッター業界では事業年度の開始日が４月１日であり、通常この時期に価格改定がされていたことから、同日からの引上げが共通に認識となっていた。」としている。

　この会合自体が、原告らから「本件会合は、佐々木、福田および生瀬が３人のみで会う初めての会合であり、社団法人日本シャッター・ドア協会の委員を交代する佐々木の慰労のために開かれたもので、生瀬は同協会運営委員会に参加していた原告東洋の岡田に代わって急きょ参加した」、親睦のための飲食の場であったと主張されているように、これまでのカルテル事件での合意が認定された会合内容やその経緯・過程と大きく異なっている。

　東京高裁も、「本件会合での対価引上げ行為に関する情報交換」と題して、「本件会合では、単なる世間話にとどまらず、相互にシャッター等の対価引上げを実施することに関する情報交換がされたものと認められる。」としたが、さすがに、情報交換にとどまり、本件会合により協定が締結されて合意が成立したとまでは認定していない（この点は公取委審判審決も同じである）。

　（4）　寡占的価格協調行動と意思の連絡　　本件行為（「全国合意」）については、協定の締結による合意は認定できないため、意思の連絡を推認できるか否かが問題となる。意思の連絡は、通常情報交換活動、実施行為・実施状況、実効性確保手段を総合して推認される。

　東京高裁は、意思の連絡について、東芝ケミカル事件東京高裁判決の寡占的価格協調行動に係るルールを引用して、「特定の事業者が、他の事業者との間で対価引上げ行為に関する情報交換をして、同一又はこれに準ずる行動に出たような場合には、右行動が他の事業者の行動と無関係に、取引市場における対価の競争に耐えうるとの独自の判断によって行われたことを示す特段の事情が認められない限り、これらの事業者の間に、協調的行動をとることを期待し合う関係があり、右の『意思の連絡』があるものと推認されるのもやむを得ないというべきである。」という法解釈を採用した。

　今日では、国際的にも、「値上げに向けた行動が３社の独自の判断によって行われたことを示す特段の事情」について事業者側に挙証責任を負わせるがごとき法律構成は競争法では採用されていない。さらに、「右行動が他の事業者

の行動と無関係に、取引市場における対価の競争に耐えうるとの独自の判断によって行われたことを示す特段の事情が認められない限り」は立証不能な要件であると解されている。

本件判決は、「(エ) 値上げに向けた行動が 3 社の独自の判断によって行われたことを示す特段の事情が認められないこと」、「(オ) 意思の連絡の推認を妨げる事由の存否について」において各社からの主張に対していちいち反論することで対応している。このような「特段の事情が認められないこと」についての立証方法やその内容が説得力をもつとも考えられない。本件で、各社の値上げ決定等が 3 者会合の結果またはその影響を受けたものであることは、違反事実を構成する公取委の要証事実である。各社が①事後の情報交換の不存在、②平成 20 (2008) 年以降の競争の存在により、その事実がないことの立証責任を負うものではない。

この判決は、「黙示の意思の連絡」という意味不明の概念を創設したり、実質的証拠法則を過度に強調することにより、審判審決を救済しようとしている。実質的証拠法則については批判が強く 2013 年改正ですでに廃止されているうえ、現実にも、審判審決を受けた東京高裁判決において厳格には適用されていない。

東芝ケミカル事件東京高裁判決の寡占的価格協調行動に係るルールに従わない場合でも、本件行為（「全国合意」）については意思の連絡の形成を推認する一般原則を適用することが検討される余地がある[27]。すなわち、本件行為（「全国合意」）について（相互拘束行為として）意思の連絡が推認される協調行動に該当するかは争点となる。本件認定事実では、元詰種子価格協定事件東京高裁判決および多摩地区入札談合事件最高裁判決に照らして、それらの違反行為

---

[27] 東京高裁は「なお、東芝ケミカル事件高裁判決を参照した上記の間接事実による認定方法は、多くの事案の事実認定において類型的に有用であるといえるものの、間接事実による認定は、この認定方法に限られるものでないことは当然である。不当な取引制限に係る意思の連絡は、事案によってその成立過程が様々に異なるものであり、また、これに参加する者はその証拠を残さないようにするなどその成立過程に関する証拠をあまり収集することは困難であるから、事案に応じて、様々な間接事実を検討して、その成否を判断する必要がある。例えば、事前の対価引上げ行為に関する情報交換の立証が弱い場合であっても、他の重要な間接事実の存在によって、不当な取引制限の成立が認められる場合も十分に考えられる。」としている。この判示部分は、意思の連絡を推認した過去の事例との関係も明白ではないうえ、状況証拠による協定による合意の認定と混同している。

に匹敵する長期間にわたる協調行動の存在は認定されておらず、本件認定事実からは意思の連絡を推認することは難しいと考えられる。

　(5)　**意思の連絡と課徴金納付命令との関係**　　独占禁止法では、確定金額算定方式の義務的賦課の課徴金制度が採用されている*28。

　協定の締結による合意の成立を認定するカルテルについては、協定の締結による合意の成立時点を始期として、通常立入り検査日の前日を終期として課徴金額を算定してきた。また、2019 年改正前までは課徴金額算定のための実行期間は終期から遡り 3 年間であった*29。

　そこで、受注予定者の決定に係る多摩地区入札談合事件の行為、価格協定に係る元詰種子価格協定事件の行為については、意思の連絡に該当するとされる行為について「慣行」「協調的関係」と表現されるように、立入検査日の前日から 3 年前までに意思の連絡に該当するとされた協調行動は存在していたと認定して課徴金額を算定した。そのうえで、多摩地区入札談合事件における多摩地区で営業活動をするゼネコン間の慣行については 3 年間の個別受注調整行為に基づいて課徴金額を算定した。元詰種子価格協定事件における元詰販売業者による日本種苗協会行為における元詰部会の討議研究会で年度ごとの基準価格を決定する等の協調的関係については各社の 3 年間の販売価格に基づき課徴金額を算定した。

　シャッター価格協定（全国合意）の認定事実からは、平成 20 (2008) 年 3 月 5 日から立入り検査日の前日である同年 11 月 18 日までの間、両事件に匹敵する協調行動・協調関係が存在したとまでいえない。

　また、意思の連絡が推認される協調行動一般については、情報交換や実施行為、実効性確保手段も勘案して推認されるため、意思の連絡の形成時点について実施時説が採用される*30。シャッター価格協定事件（全国合意）では、課徴金の実行期間を 4 月 1 日から 11 月 18 日までとしている。しかし、このことは、

---

*28　相互拘束としての意思の連絡の形成が推認されて、不当な取引制限が成立する行為に公取委が排除措置を命じることができることについて特段問題はない。

*29　村上政博「価格協定と入札談合に係る同一ルール──令和元年改正後におけるカルテル規制」国際商事法務 51 巻 6 号 810 頁。

*30　EU 型の行政制裁金制度のもとでは、すなわち上限金額方式の制裁金制度のもとでは、協調行為に該当する行為に行政制裁金を課すことに特段問題はなく、現実にも、行政制裁金は課せられている。

寡占的価格協調行動について、4月1日以降の価格引上げ行為・引上げ状況を
間接事実として意思の連絡を推認していること（論理上推認される始期の時点は
4月1日より遅い日となる）と矛盾する可能性がある。

7　今後の課題

　カルテルについては、今後も数多くの事件が争われて判例が下されるであろ
う。

　その場合、ほとんどすべての事件で、相互拘束に該当するカルテルに係る協
定の締結による合意が認定されて事件処理がされる。現実にも、医薬品卸売業
者間の価格維持協定および旧一般電気事業者間の相互不可侵協定とも相互拘束
に該当する協定の締結による合意が認定されている。

　カルテルに関して、協定の締結による合意の成立と協調行動についての意思
の連絡の推認と明確に分けて取り扱い、協定の締結による合意の成立が認定で
きる場合には確実にその旨認定することが相当である。協調行動についての意
思の連絡の推認は、協定の締結による合意の成立が認定されない場合に、はじ
めて問題となる。まずはこの大原則を確立すべきである。これこそが、カルテ
ルに対して、課徴金減免制度を活用したうえ、高額な課徴金納付命令を課して
違反抑止を図るというカルテル規制の妥当なルールである。

8　カルテルと刑事罰

（1）　刑事罰は重大性の高いカルテルに限定　　独占禁止法は私的独占およ
び不当な取引制限について直罰方式の刑事罰を規定している（89条1項）。

　しかし、2005年改正において犯則調査が導入されて、手続的保障の観点か
ら刑事罰賦課に問題がなくなった後も、現実に刑事罰を科せられる行為は、不
当な取引制限に該当する行為のうち、行為類型としてのカルテルに限定されて
いる。しかも、2年に1件程度の割合で違法度・重大性の高いカルテルに対し
て刑事罰が科せられている。

　このように、独占禁止法において、現実に刑事罰を科せられる行為は、不当
な取引制限に該当する行為のうち、カルテルのみである。しかも、カルテルす
べてでなく違法度・重大性の高いカルテルに限定される。

　国際的な動向をみても、直罰方式で刑事罰が科せられる競争法違反行為はカルテルに限定される。この点は今後とも変わらないと評価される。

　刑事罰規定の内容と実態との齟齬は、独占禁止法が米国反トラスト法を継受したことによる。米国反トラスト法のシャーマン法1条およびシャーマン法2条はもともと刑事法規でありその違反行為を刑事罰の対象としている。独占禁止法はその法制を受け継いだ。米国反トラスト法でも現実に刑事罰が科せられるシャーマン法違反はカルテルに限定される。ただし、独占禁止法とは異なり、米国ではカルテルはすべて刑事罰を科して処理される。このような事情で、米国では実態に合致させて刑事罰をカルテルに限定するようにシャーマン法を改正すべきであるという主張がなされるが、実現していない。

　いずれにせよ、刑事罰を論じる際には現実に刑事罰を科せられる行為がカルテルのみであり、しかも重大性の高い行為に限定されることが大前提となる。

　排除型私的独占については、刑事罰規定に基づき刑事罰が科せられることはないため、排除措置命令の履行強制や確定排除措置命令違反に対する刑事罰などが今後も難解な課題として残る。

　(2)　刑事事件におけるカルテルの要件　　カルテルの要件については、同一文言の解釈であって、行政事件の場合と刑事事件の場合で同一（統一的）に解することが望ましい。

　その点から、刑事罰が科せられるカルテルについては、相互拘束として、カルテル協定が締結されて合意が成立する行為に限定することが相当である。

　価格協定の場合は、刑事事件である石油製品価格協定事件最高裁判決を適用することで足りる。

　入札談合の場合は、これまで基本合意という用語が使用されたが、基本合意とは受注予定者を話し合いで決定することと参加者は受注予定者の受注に協力する旨の協定をいう。基本合意を認定することは、通常協定が締結されて合意が成立したことを意味している。

　何よりも、現実にもこれまで刑事罰が科せられたカルテルは、すべて、相互拘束として、協定が締結されて合意が成立したと認定される行為である[31]。

---

　*31　これまでの刑事事件については、村上政博・矢吹公敏・多田敏明・向宣明編『独占禁止法の実務手続』（中央経済社・2023年）574頁参照。

　これまでの判例法では、入札談合の場合に、個別調整行為の集合体を（相互拘束とは別の）遂行行為として独立した犯罪行為とする余地が残っているが、刑事罰を科す行為は相互拘束としての協定（基本合意）が認定される行為に限定することが相当である[*32]。

IV　排除型私的独占

1　不当な取引制限の禁止と私的独占の禁止

　私的独占の禁止は単独行為規制の基本禁止規定であり、排除型私的独占の禁止は排除型単独行為の基本禁止規定である。私的独占のあるべき解釈は、『独占禁止法〔第10版〕』56頁〜61頁に記載したとおりである。

　行為要件としての排除行為は、「他の事業者の事業活動の継続又は新規参入を困難にする行為」をいう。

　「一定の取引分野における競争を実質的に制限すること」とは、「当該取引に係る市場が有する競争機能を損なうこと」をいう。

　判断の枠組みとして、排除行為に該当するか否かはさほど重要な要件でなく、「一定の取引分野における競争を実質的に制限すること」を充足するか否かが重要な要件であり、具体的な競争制限効果、主観的意図、行為者の市場占有率・市場支配力、正当化事由などの個別判断要素を総合判断（総合考慮）して決定される。

2　排除型私的独占の排除行為

　東日本電信電話会社最高裁判決以前には、排除型私的独占とは、排除型単独行為に該当する行為をすべて含む「他の事業者の事業活動の継続又は新規参入を困難にする行為」をいうとする妥当な定義がほぼ確立していた[*33]。

---

*32　要するに、多摩地区入札談合事件のように、入札談合事件のうち、個別調整行為から意思の連絡が推認される行為については、行政事件として処理することが妥当である。また、入札談合の場合に、協定による合意という相互拘束行為に個別調整行為が現実に伴う行為を含めることには何ら問題はない。

*33　公取委も、「排除型私的独占に係る独占禁止法上の指針」（平成21（2009）年10月28日）で、「排除行為とは、他の事業者の事業活動を困難にさせたり、新規参入者の事業開始を困難にさせたりする行為であって、一定の取引分野における競争を実質的に制限することにつながる

「他の事業者の事業活動の継続又は新規参入を困難にする行為」は、「他の事業者の事業活動を困難にする行為」とほぼ同一であり、より簡明である。

東日本電信電話会社事件最高裁判決の「自らの市場支配力の形成、維持ないし強化という観点からみて正常な競争手段に範囲を逸脱するような人為性を有するものであり、他の事業者の本件市場への参入を著しく困難にするなどの効果を有するもの」は、他の事業者の事業活動を排除する行為という簡潔な文言の定義として、そもそも違和感がある。

日本音楽著作権協会事件知財高裁判決の「他の事業者の事業活動を排除する効果を有する行為」も有力である。しかし、第1に、「排除する効果」は市場から駆逐するというような強い効果を連想させることから避けることが望ましい。これまでの事例では、ターゲット会社が市場に存続している（さらにはその市場占有率を維持している）場合や新規参入を実現した場合でも排除行為に該当するとされている。第2に、「他の事業者の事業活動を排除する効果」は、競争の実質的制限の判断要素である具体的な競争制限効果、具体的な市場閉鎖効果との差異が明確にならないことから、両者を明確に別するためには避けることが望ましく、この点からも、「他の事業者の事業活動を排除する効果を有する行為」は避けることが相当であろう。

ちなみに、東日本電信電話会社事件最高裁判決およびマイナミ空港サービス事件東京高裁判決における個別判断要素に係る認定事実および結論には何ら問題はない。問題はその定義にあり、現行定義は、排除型単独行為を対象とする排除型私的独占の対象行為、射程範囲を過度に狭いものとしてしまう。

行為類型として排他的取引に分類されて、排除型私的独占に該当することが明白な、違法性が高い行為については現行解釈でも妥当な結論が導ける。しかし、その解釈や判断の枠組みのもとでは、排除行為をきわめて狭い範囲の行為に限定し、排除型私的独占に該当する行為をきわめて狭い違法度の高い行為に限定してしまう。

3　排除型私的独占における一定の取引分野における競争の実質的制限

（1）　競争の実質的制限の定義　　マイナミ空港サービス事件東京高裁判決

様々な行為をいう」としている。

（令和 5（2023）年 1 月 25 日）*34 および東京地裁判決（令和 4（2022）年 2 月 10
日）*35 は、2 条 5 項の一定の取引分野における競争を実質的に制限することと
は、「当該取引に係る市場が有する競争機能を損なうことをいい、特定の事業
者又は事業者集団がその意思で当該市場における価格、品質、数量、その他各
般の条件をある程度自由に左右することができる状態をもたらすこと、すなわ
ち市場支配力の形成、維持ないし強化という結果が生じることをいうものと解
される（最高裁判所平成 24 年 2 月 20 日第一小法廷判決・民集 66 巻 2 号 796 頁、最高
裁判所平成 22 年 12 月 17 日第二小法廷判決・民集 64 巻 8 号 2067 頁参照）」としてい
る。2 条 5 項および 2 条 6 項についての最高裁判決を並列させている。

　2 条 5 項と 2 条 6 項で、同じ定義とすることが最大の課題であり、2 条 5 項
の一定の取引分野における競争を実質的に制限することとは「当該取引に係る
市場が有する競争機能を損なうこと」をいうとすることが相当である。

　このうち、「特定の事業者又は事業者集団がその意思で当該市場における価
格、品質、数量、その他各般の条件をある程度自由に左右することができる状
態をもたらすこと」は、「特定の事業者又は事業者団体がその意思で、ある程
度自由に、価格、品質、数量、その他各般の条件を左右することによって、市
場を支配することができる状態をもたらすこと」という旧基本体系のもとでの
定義から「市場を支配すること」を削除することによって、市場占有率の目安
となる市場占有率を 80％ 程度から 40％ 程度に引き下げることを狙ったもので
ある。しかし、この点も、市場支配力とは競争価格を上回る販売価格を設定で
きる力をいい、行為者の市場占有率 40％ 程度が目安となるということで足り
る。結局「行為者の市場占有率・市場支配力」または「行為者の市場支配力と
その程度」を主要判断要素としていることになる。

　「一定の取引分野における競争を実質的に制限すること」を充足するか否か
は、競争の場における、具体的な競争制限効果、主観的意図、行為者の市場占
有率・市場支配力、正当化事由などの個別判断要素を総合判断（総合考慮）し
て決定すると解することが相当である。

　さらに、この件で、公取委は、2 条 5 項の「『一定の取引分野における競争

---

*34　東京地判令和 5（2023）年 1 月 25 日判例集等未登載。
*35　東京地判令和 4（2022）年 2 月 10 日判例集等未登載。

を実質的に制限すること』とは、当該取引に係る市場が有する競争機能を損な
うことをいい、当該市場において、特定の事業者又は事業者集団がその意思で、
ある程度自由に、価格、品質、数量、その他各般の条件を左右する状態をもた
らすことをいう。」とし「市場支配力の形成、維持ないし強化という結果が生
じること」を削除することを主張している。

　(2)　排除行為と競争の実質的制限との関係　　東日本電信電話会社事件最
高裁判決の枠組みのもとでは、各判断要素につき違法性を裏付けるものと違法
性を否定するものとが混在する、全体として違法か否か判断が難しい行為につ
いては、排除行為の現行定義では対象行為が狭すぎ、かつ、多様な判断要素を
総合考慮して排除型私的独占に該当するか否かを決定することができないこと
から、事件を適切に処理できない。

　排他的取引についても、具体的な行為には、個別判断要素について、市場占
有率が 30％ 程度である行為者の行為、一応正当な目的を有する行為、ターゲ
ットとなった事業者について市場占有率や利益率に関する不利益は認定できず
競争制限効果が乏しい行為、有力な正当化事由が存在する行為というように
様々な行為が含まれ、それらを対象行為とせざるを得ない。限界事例では、判
断要素ごとにみると、違法となることを示す認定事実、違法とならないことを
示す認定事実とが混在する事例が多くなる。

　そのため「一定の取引分野における競争を実質的に制限すること」を充足す
るか否かについて、具体的な競争制限効果、市場占有率・市場支配力の程度、
目的・意図、正当化事由などの総合判断、総合考慮方式を採用しないと、具体
的な行為について排除型私的独占に該当するか否かについて妥当な結論は導け
ない。

　さらにいうと、行為類型ごとに個別判断要素は異なる。例えば、低価格設定
では、販売総原価・平均変動費用との関係、市場価格との関係等が主要な判断
要素となる。このため、判断要素として多様なものを取り込み、数多くの個別
判断要素を総合的に判断するという方式を採用しないと、排他的単独行為の行
為類型ごとの妥当なルールは形成できない。

　現実にも、これまでの排除型私的独占に該当するかが争われた先例をみても、
具体的行為では実に様々な判断要素が問題となっており、それら判断要素の総

合判断により排除型私的独占に該当するか否かが決定されている。

4　日本音楽著作権協会事件の事件処理

（1）　排除措置命令内容の実現および義務的賦課課徴金制度　　この件で、排除措置命令当時は、放送事業者による利用楽曲の全曲・電子的報告化は実現されておらず、利用割合を反映した徴収方法の採用という排除措置命令内容を実現することは不可能であった。

　ところが、放送事業者による利用楽曲の全曲・電子的報告化が実現して、平成 27（2015）年 9 月に利用割合算出に関する 5 社合意が成立し、利用割合を反映した徴収方法が採用された。これにより、排除措置命令内容が実現した。

　しかし、排除型私的独占に該当するとされた、放送会社に対する包括許諾・包括徴収方式は、排除型私的独占が課徴金の対象行為となった平成 22（2010）年 1 月から、利用割合を反映した徴収方法の実施により違反行為がなくなる平成 27（2015）年 3 月末まで 3 年以上継続していたことになり、義務的賦課方式の課徴金制度のもとで、公取委は課徴金の算定期間の終期から丸々 3 年間の約 45 億円の課徴金納付を命じる義務を負い、日本音楽著作権協会は同額の課徴金額支払い義務を負うことになる。

（2）　最高裁判決後の審判手続再開以降の進行予想──不可避な長期戦　　この件で、公取委は、同事件最高裁判決後、イーライセンスについて再開後の審判への参加を認めた。また、イーライセンスは平成 26（2014）年 5 月に日本音楽著作権協会に対して東京地裁に本件行為について差止請求等の訴訟を提起してその審理が進行していた（損害賠償請求も含まれることが予想された）。

　このような状況のもとで、公取委が日本音楽著作権協会による包括許諾・包括徴収方式が排除型私的独占に該当するという再度の審判審決を行う場合には、日本音楽著作権協会が確実に東京高裁にその取消訴訟を提起して争うものと見込まれた。

　他方、公取委が日本音楽著作権協会による包括許諾・包括徴収方式が排除型私的独占に該当しないという再度の審判審決を行う場合には、イーライセンスが確実に東京高裁にその取消訴訟を提起して争うものと見込まれた。

　さらには、それを受けて、知財高裁が日本音楽著作権協会による包括許諾・

包括徴収方式が排除型私的独占に該当するか否かについていずれの判断を行おうとも、日本音楽著作権協会またはイーライセンスがその判断に対して最高裁に対して上告するものと見込まれた。

　そこで、(10 年間程度は経過した後の) 最高裁判決まで本件訴訟が係属するものと予想された。公取委、日本音楽著作権協会ともにそのような長期戦は避けたいと思うことは当然であった。

（3）　審判請求取下げによる最終処理　　日本音楽著作権協会にとっては、排除措置命令は履行済みとなったとはいえ、包括許諾・包括徴収方式が最終的に排除型私的独占に該当するとされる場合には約 45 億円の課徴金支払義務が生じ、排除型私的独占に該当しないとされる場合には課徴金支払い義務はなくなる。したがって、公取委から課徴金納付命令を行わない旨の保証さえ得ることができれば、万一のリスクを回避するために（仮に排除措置命令を確定させることになっても*36) 審判請求の取下げを行うことはベストの選択肢となる。

　公取委にとっても、すでに排除措置命令は履行済みとなったうえ、審判再開時には、最高裁まで長期間かけても包括許諾・包括徴収方式が排除型私的独占に該当するとして勝訴する見込みはほぼなくなっていた。そこで、課徴金納付を命じずに審判請求の取下げを受けて事件を終了させることがベストの選択肢となる。ましてや、この件では、公取委自体が平成 24 (2012) 年に本件行為が排除行為に該当せず排除型私的独占に該当しない旨の審判審決を行っている。

　もっとも、事前行政審判の時期には、審判を通じて勝てる見込みがなくなった場合に公取委は審判開始決定の取消しというやや姑息な手続をとることがあった。しかも、その手続については本来違反が認められない旨の審判審決を行いルールを明らかにすべきという批判が強かった。その当時の事後行政審判制のもとで排除措置命令の取消しという手続が許されるかは定かでない。

　現実に、公取委は、日本音楽著作権協会からの審判請求取下げおよびイーライセンスからの参加取下げを受けて、平成 28 (2016) 年 9 月に特に理由を示さずにその審判を取りやめた。

　当初の排除措置命令が確定したことになるが、公取委は日本音楽著作権協会

---

*36　確定させても、排除措置命令は履行済みであり、排除措置命令の不履行による、94 条の刑事罰を科せられることはあり得ない。

に対して課徴金納付を命じなかった。これにより本件は終了した。

（4）期待された結果　本件が再度最高裁まで到達した場合の最終結果は、日本音楽著作権協会による放送会社に対する包括許諾・包括徴収方式は、排除行為に該当するが*37、その社会的必要性を考慮すると一定の取引分野における競争を実質的に制限することを充足しないとして排除型私的独占に該当しないものとなる。この結論は、音楽著作権集中管理団体による包括許諾・包括徴収方式は競争法に違反しないとする内容の海外調査の結果などから明白になっていた。

その場合、国際的に競争法上許容されている、音楽著作権集中管理団体による放送会社に対する包括許諾・包括徴収方式が排除行為に該当するとされるのであって、排除行為についての「自らの市場支配力の形成、維持ないし強化という観点からみて正常な競争手段に範囲を逸脱するような人為性を有するもの」という定義は維持できず、「他の事業者の事業活動の継続又は新規参入を困難にする行為」というような緩やかな、対象行為を広くとらえる定義に変更せざるを得なくなる。

日本音楽著作権協会による放送会社に対する包括許諾・包括徴収方式はその社会的必要性を考慮すると一定の取引分野における競争を実質的に制限することを充足しないと判断されるのであり、競争の実質的制限について「市場支配力の形成、維持ないし強化という結果が生じること」というような市場支配力を重視する定義は維持できず、「当該取引に係る市場が有する競争機能を損なうこと」という程度の定義に落ち着かざるを得ない。

これが、本件訴訟を通じて我々学者が期待した結果であって、このことから本件については期待外れで終了したといわざるを得ない*38。

5　マイナミ空港サービス事件東京高裁判決

（1）本件判決の事実認定　排除型単独行為についての最新判例であるマイナミ空港サービス事件東京高裁判決（令和5（2023）年1月25日）は同事件東

---

*37　本件東京高裁判決および最高裁判決から本件行為が排除行為に該当することは明らかになっていた。
*38　村上政博『独占禁止法の新たな地平』（弘文堂・2019年）213頁、「第5章 日本音楽著作権協会事件と排除型私的独占」「V 最高裁判決以降の状況」参照。

京地裁判決＊39を維持した。ここでは、この高裁判決の排除行為の定義が対象
行為の範囲をきわめて狭いものにするという観点から、その法解釈を批判的に
解説する。

　東京高裁は、行為者の市場占有率・市場支配力、主観的意図、具体的な競争
制限効果、正当化事由という主要な個別判断要素について、東京地裁判決と同
様に、いずれも明確に違法を裏付ける事実、評価を認定している。

　市場占有率・市場支配力について、「平成 28 年 11 月に佐賀航空が参入する
まで、独占事業者として航空燃料の販売事業を行っており、同月に佐賀航空が
参入した後も、航空燃料の供給量において、航空ガソリン及びジェット燃料の
いずれについても 8 割を超える高いシェアを保持して」いる。

　意図・目的について、「本件市場から佐賀航空を排除する目的で、八尾空港
における機上渡し給油の需要者を対象として行われたものである」としている。

　具体的な競争制限効果について、本件行為により、「本件市場の 8 割を超え
る多数の需要者に対し佐賀航空との取引を抑制させた」、「佐賀航空の事業活動
を著しく困難にする効果を有するものであった」としている。

　正当化事由について、「本件通知行為等について正当化事由の存在を認める
ことはでき」ないと結論付けている。

　東京高裁判決が東京地裁判決と異なる点は、正当化事由を競争の実質的制限
の唯一の判断要素としたことと、それについて詳しく事実認定したことである。

　東京高裁は「控訴人は、本件通知行為等の当時、佐賀航空の航空燃料につい
ては、適切な品質管理を図られていないことが具体的に疑われる事情が存した
として、①平成 27 年 9 月 1 日開催の八尾空港協議会の場における品質管理体
制等の説明が不十分であったこと、②佐賀航空においては、平成 12 年から平
成 21 年までの 9 年間に死亡事故 2 件を含む 4 件の航空機事故が発生していた
こと、③本件訴訟提起後の調査により、佐賀航空の航空燃料の一部に規格値を
外れたものがあることなどが判明したことなどを主張する。」としたうえで、
①について、「佐賀航空は、平成 27 年 9 月当時、八尾空港協議会に対し、自社
の八尾空港における航空燃料販売に係る事業計画等について、口頭及び書面に

─────────────

＊39　村上政博「マイナミ空港サービス事件東京地裁判決（令和 4 年 2 月 10 日）」国際商事法務
　　50 巻 9 号 1103 頁。

よって相当程度詳しい説明をし、八尾空港協議会からの質問に対して、当時の状況で可能な範囲で詳しい回答をしていたものと認められる。」とし、②について、「佐賀航空において発生した航空事故等は、いずれも航空輸送の安全確保に関するものであって（……）、航空燃料に関する品質管理体制の不十分さに直結するものではない上、本件通知行為等の6年以上前のことであって、控訴人も、その間、佐賀航空の給油車の貸与や航空燃料の販売を行っていたほか、佐賀航空を提携先給油会社と位置付けていたものである（……）」とし、③について、「本件排除措置命令後に行われた調査により判明した事実は、本件通知行為等の当時の佐賀航空の航空燃料についての調査によって確認されたものかは明らかでない上、仮に一部に規定値を外れたものがあったとしても、それによって事故のリスクを生じさせる疑いがあるとまでは認められない。また、その事実が認められるとしても、控訴人行為が自社に生じる危難を回避するためにとったやむを得ないものであったか否かの評価とは直接には関係しないものというべきである。」としている。

さらに、正当化事由と意図・目的は密接に関連することから「控訴人において、航空事故が発生した場合に責任の所在が不明となる危険を回避するという目的を真に有していたものと認めることはできず、かえって、佐賀航空を排除する意図を隠すための表向きの理由として前記の目的を掲げていたものと認めるのが相当である。」とし、「本件通知行為等について正当化事由の存在を認めることはでき」ないと結論付けている。以上の事実認定に特段問題はない。

（2） 法律解釈における課題　マイナミ空港サービスの行為は、違法度の高い行為であり、いずれの判断要素も違法を裏付ける事実が認定されているため、確実に排除行為に該当して、競争の実質的制限について総合判断するまでもなく排除型私的独占に該当する。しかし、同判決の枠組みのもとでは、東日本電信電話会社事件最高裁判決を受けた排除行為の定義では対象行為が狭すぎ、かつ、最終的に多様な判断要素を総合考慮するとしていないため、全体として違法か否かが微妙な行為を含むところの、排除型単独行為すべてについて妥当な結論を導くことはできない。

本件の行為類型である排他的取引についても、具体的な対象行為には、個別判断要素についてみると、違法となることを示す（裏付ける）認定事実、違法

とならないことを示す認定事実とが混在する事例が多くなる。現実にも、これ
までの排除型単独行為に該当するかが争われた先例をみても、具体的行為では
実に様々な判断要素が問題となっており、それら判断要素の総合判断により排
除型単独行為に該当するか否かが決定されている。

　そのため、排除行為の対象行為を広めにとらえて、かつ「一定の取引分野に
おける競争を実質的に制限すること」を充足するか否かについて、具体的な競
争制限効果、市場占有率・市場支配力の程度、目的・意図、正当化事由などに
ついての総合判断、総合考慮方式を採用しないと、具体的な行為について排除
型単独行為に該当するか否かについて妥当な結論は導くことはできない。

V　支配型私的独占

1　あるべき解釈論

　支配型私的独占の禁止は、搾取型単独行為の基本禁止規定である。あるべき
解釈は『独占禁止法〔第10版〕』「第2章　第6節　支配行為と支配型私的独
占」243頁～247頁に解説したとおりである。ここでは、支配型私的独占に係
る課徴金制度の在り方と関連して、詳しく解説する。

2　支配型私的独占と搾取型単独行為

　(1)　支配型私的独占の位置付け　　支配型私的独占に該当する行為は、搾
取型濫用行為を規制対象行為とするものと位置付けられる。行政制裁金の上限
金額としては、排除型私的独占と同様に、違反対象商品売上額の6％とする
ことが相当である。

　(2)　現行位置付けおよび課徴金制度の誤り　　現在、支配型私的独占は、
判例法上、事業者が他の事業者にカルテル（価格協定等、受注予定者の決定等）
をさせる行為を対象としている。

　パラマウントベッド事件勧告審決では、パラマウントベッド社の行為のうち、
東京都財務局発注の特定医療用ベッドの入札において、自社のベッドを販売す
る傘下の入札参加者である販売業者のなかから落札予定者を決定し、他の入札
参加者に落札予定者が落札することに協力させる行為を支配行為とした。2005

年改正当時においては、支配型私的独占について唯一先例価値を有すると評価されていたパラマウントベッド事件の行為をやや強引に代表事例とした。

　その解釈を前提にして、支配型私的独占に該当する行為について、基本算定率が 10% である課徴金の対象行為とした。支配型私的独占の課徴金については、支配事業者であるパラマウントベッド社に対して、被支配事業者である落札業者に供給した医療用ベッドの販売金額を算定の基礎金額とし、算定率 10% を乗じて得た金額を課徴金額として国庫に納入するとしている。逆に、東京都財務局発注の医療用ベッドの入札において落札業者となり請負契約を締結した、いわゆるカルテルをさせられた被支配事業者に対しては課徴金を課さない制度とした。

　上杉秋則氏が、「搾取型濫用行為を捕捉する概念として支配型私的独占の規制権限を行使するのであれば、10% という課徴金の算定率を適用することは比例の原則に照らして正当化できない。結果として、支配型私的独占の禁止規定はカルテル類似行為に適用するほかない」と解説しているとおりである*40。もっとも、パラマウントベッド事件の行為は支配型私的独占を課徴金の対象行為とする以前のものであり、この件で課徴金は課せられていない。

　福井県農業協同組合経済連合会事件では、福井県に所在する農業協同組合の施主代行者である福井県農業協同組合経済連合会が、農業協同組合の発注する穀物の乾燥・調製・貯蔵施設の製造請負契約等について施工業者となる受注予定者を決定して現実に受注予定者である施行業者に受注させた行為を支配型私的独占に該当するとした。この件では、福井県農業協同組合経済連合会には穀物の乾燥・調製・貯蔵施設の製造請負契約等についての売上額は存在しないため課徴金の納付を命じなかった。

　このように、他の事業者にカルテルをさせる行為が支配型私的独占に該当するとしても、カルテルをさせる支配事業者である取りまとめ・指示役には、当該商品販売額がないため課徴金を課せないことが多い。

　(3)　**カルテル行為と不当な取引制限**　　現行判例法の事業者が他の事業者にカルテルをさせる行為が支配型私的独占に該当するという解釈は誤りである。

---

*40　竹島一彦・上杉秋則・松山隆英・村上政博『回想独占禁止法改正——平成 17 年・21 年・25 年改正をたどる』(商事法務・2016 年) 60 頁参照〔上杉秋則執筆〕。

　事業者が関係事業者にカルテルをさせる行為は、実態はカルテルそのものであり、関係事業者間におけるカルテルに当該事業者が参加した相互拘束行為に該当し、不当な取引制限に該当する。したがって、事業者が関係事業者にカルテルをさせる行為は、関係事業者間のカルテルにさらにそれを主導（首謀）する者も加わったカルテルとして不当な取引制限に該当するとして処理することが相当である[41]。

　入札談合の参加業者間に合意や意思の連絡が認定できる場合は不当な取引制限に該当するとして、落札業者等に対して課徴金を課す方法が妥当な処理となる。

　東京都財務局発注の医療用ベッドの入札において受注予定者を決定する入札談合を行ったことが不当な取引制限に該当し、落札業者となり請負契約を締結したパラマウントベッド社の販売業者に対して、課徴金を課すことになる。この場合、目隠しシール入札談合事件東京高裁判決に従い、カルテルをさせたパラマウントベッド社に対して入札談合の当事者（参加者）として排除措置を命じることはできる[42]。

　福井県農業協同組合経済連合会事件の行為も、穀物の乾燥・調製・貯蔵施設の製造請負工事の入札に参加した事業者間における受注予定者等の決定について、入札参加事業者である施工業者間に意思の連絡が認められる場合に不当な取引制限に該当するとして落札事業者に課徴金を命じる事件処理が妥当である。福井県農業組合経済連合会の行為により施工業者らの間に意思の連絡が推認される場合には、施工業者らの間に不当な取引制限が成立する。公取委はそれら施工業者らに排除措置および課徴金納付を命じ、福井県農業組合経済連合会に排除措置を命じることになる。

　米国反トラスト法上のハブ・アンド・スポーク型協調行動規制が参考になる。

＊41　支配型私的独占の支配行為について、「他の事業者らにカルテルをさせる行為」を含むという用語自体がおかしい。他の事業者らの間にカルテル合意が成立している場合には一般原則どおり不当な取引制限が成立する。それら他の事業者らに対しては、カルテル合意に対して排除措置および課徴金納付が命じられる。そのカルテル合意について首謀者である事業者も当事者・違反事業者となり、排除措置命令の対象となるというのが自然な解釈である。

＊42　米国のようにカルテルに対して刑事罰を科す場合には、有責度・犯情に応じて（すなわちカルテルをさせた事業者に対して当該商品売上額がなくても）高額な刑事金額を科すことができる。

米国反トラスト法上のハブ・アンド・スポーク型協調行動とは、車輪の中心軸（ハブ）である首謀者と車輪の輪に当たる首謀者の上下流に位置する取引事業者（スポーク）との関係において、首謀者がその取引事業者らと同一内容の契約を締結する場合に、取引事業者間に水平的合意を認定、推認することをいう＊43。

　このように、カルテルをさせる行為については、一般原則どおりカルテル参加業者・実施業者に対して不当な取引制限を適用することで妥当な結果を導ける。

　ただし、福井県農業組合経済連合会の行為により施工業者らの間に意思の連絡が推認されない場合には、事業者が他の事業者らに担当する工事等を指示する（割り当てる）行為が他の事業者らを支配する行為に当たり、支配型私的独占に該当すると法適用することはあり得る。仮に、当該行為が支配型私的独占に該当するとする場合に、課徴金額算定のための基本算定率（次回改正後は上限基本算定率）は、カルテルに対する 10％ でなく、排除型私的独占と同一の６％とすることが相当である。

（4）　搾取型濫用行為規制としての支配型私的独占規制　　競争法の体系上、市場支配力を有する事業者の禁止行為として残るのは搾取型単独行為であり、支配型私的独占は搾取型単独行為を規制対象とすると解することが妥当である。ちなみに、支配型私的独占が搾取型単独行為を規制対象とするという結論がここまで遅れた理由は、EU 競争法の搾取型濫用行為の歴史をみてもわかるように、独占禁止法でも搾取型単独行為規制が直ちに（本格的に）実施されると想定されないためである。むしろ、行政制裁金制度の導入に際し、支配型私的独占の体系上の位置付けを明確にし、支配的私的独占の上限金額を排除型私的独占と同一のものとすることが緊急の課題となる。

＊43　United States v. Apple Inc., 791 F. 3d 290 (2d Cir. 2015), Roys R Us, Inc. v. F. T. C., 221 F. 3d 928 (7th Cir. 2000). 渕川和彦「米国反トラスト法におけるハブ・アンド・スポーク型協調行動規制──共謀と累積的反競争効果の検討を中心として」舟田正之先生古稀祝賀『経済法の現代的課題』（有斐閣・2017 年）155 頁参照。

VI　優越的地位の濫用

1　あるべき解釈論

　優越的地位の濫用規制は、日本固有の規制かつ民事上の規制である。あるべき解釈は『独占禁止法〔第 10 版〕』「第 2 章　第 14 節　優越的地位の濫用の禁止と下請法」401 頁〜433 頁に解説したとおり、独占禁止法のなかでも、あるべき判例法や実務の形成が急速に進みつつある分野である。

2　優越的地位の濫用規制一般

（1）　優越的地位の濫用規制の基本的性格　　優越的地位の濫用規制の基本的性格は、上記のとおり民事上の規制または民法上の規制と同質の規制である[44]。自己の取引上の地位が相手方に対して優位にあるという優越的地位は、取引当事者間における（1 対 1 の関係における）取引上の地位の優位性・両者間の関係性をいう。優越的地位は、関連市場を画定してそこでの市場占有率を算定して認定する市場支配力等の市場における力・市場における地位とは異なる。

（2）　1 対 1 の関係における取引　　優越的地位の濫用規制の基本的性格は、民事上の規制であり、優越的地位が取引当事者間における取引上の地位の優劣という関係性を意味することは、最近の 1 対 1 の関係における取引が問題となった事件の民事判決で完全に固まっている。

　それらの民事判決とは、京セラ・ヘムロック事件東京地裁判決[45]、同事件東京高裁判決[46]、アップル・島野製作所事件東京地裁判決[47]、同事件東京

---

[44]　優越的地位の濫用規制は、独占禁止法の体系上、日本固有の規制である。このことは、ドイツ競争法等の経済的従属関係の濫用の禁止と類似の行政上の規制であると位置付けても、民事上の規制または民法上の規制と同質の規制であると位置付けても変わりない。民事上の規制または民法上の規制と同質の規制と位置付けるほうが、優越的地位の濫用の禁止を日本固有の規制と位置付ける体系論とより一層整合する。

[45]　東京地判平成 28（2016）年 10 月 6 日審決集 64 巻 497 頁。村上政博『独占禁止法の新たな地平 II ──国際標準の競争法land へ』（弘文堂・2020 年）286 頁〜289 頁参照。

[46]　東京高判平成 29（2017）年 10 月 25 日審決集 64 巻 445 頁。村上・前掲 *45 286 頁〜289 頁参照。

[47]　東京地判令和元（2019）年 9 月 4 日審決集 66 巻 519 頁。村上・前掲 *45 289 頁〜294 頁参照。

高裁判決[48]、セコマ（返品合意）事件札幌地裁判決[49]、同事件札幌高裁判決[50]、セコマ（販売促進金合意）事件札幌地裁判決[51]、食べログ事件東京地裁判決[52]である。

　今後は、食べログ事件東京地裁判判決が「正常な商慣習に照らして不当に」という要件に当たるかどうか、具体的な場合における同号イからハまで所定の行為の意図・目的、態様、不利益の内容・程度等を総合考慮し、判断するとした判示内容を受けて、最重要要件である「正常な商慣習に照らして不当に」について、判断の枠組み、判断要素を精緻なものとすることが課題となる。

（3）　優越的地位の濫用に係る課徴金制度の廃止　　優越的地位の濫用に係る課徴金について、優越的地位の濫用行為の本質に合わせて最終的な取扱いを決めることが必要なことは、独占禁止法研究会報告書（2017年4月）でも認められている。

　優越的地位の濫用の基本的性格（本質論）は、民事上の規制または民法上の規制と同質の規制と位置付けられる。したがって、優越的地位の濫用に係る現行課徴金はその基本的性格を踏まえると廃止することが相当である。

　現実にも、公取委はダイレックス事件排除措置命令および課徴金納付命令以降、優越的地位の濫用に係る課徴金を適用しておらず、優越的地位の濫用に係る課徴金制度はすでに廃止されたごとき法運用をしている。

3　大規模小売業者と納入業者間の納入取引

（1）　大規模小売業者と納入業者間の納入取引　　1対1の関係の取引における優越的地位の濫用の考え方と、大規模小売業者と納入業者間の納入取引における優越的地位の濫用の考え方について共通の論理を当てはめてその整合を

---

[48]　東京高判令和2（2020）年7月22日審決集67巻648頁。「優越的地位の濫用と民事上の規制」国際商事法務50巻3号284頁～285頁参照。

[49]　札幌地判平成30（2018）年4月26日判例集等未登載。「優越的地位の濫用と民事上の規制」国際商事法務50巻3号285頁～288頁参照。

[50]　札幌高判平成31（2019）年3月7日判例集等未登載。「優越的地位の濫用と民事上の規制」国際商事法務50巻4号412頁～414頁参照。

[51]　札幌地判平成31（2019）年3月14日金融・商事判例1567号36頁。「優越的地位の濫用と民事上の規制」国際商事法務50巻4号414頁～416頁参照。

[52]　東京地判令和4（2022）年6月16日判例集等未登載。村上政博「食べログ事件東京地裁判決（令和4年6月16日）」国際商事法務51巻5号605頁。

確保することが最大の今日的課題である。不利益行為ごとに、大規模小売業者による個別納入業者に対するその自由な意思決定を抑圧する行為態様、不利益の程度などを勘案して濫用行為に該当するかを判断していく必要がある。

(2) 2003 年から 2009 年改正法施行前まで （ア） 時系列による事件一覧 2003（平成 15）年から 2014（平成 26）年までの 12 年間に、大規模小売業者と納入業者間の納入取引を中心に、優越的地位の濫用に該当するとして22 件の排除措置命令が下された（133 頁の**図表 1 排除措置命令等一覧**参照）。

このうち、2003（平成 15）年から、優越的地位の濫用に係る課徴金制度が導入、施行される 2009（平成 21）年までの 7 年間に、優越的地位の濫用に該当するとして 17 件の勧告審決、排除措置命令が下された。

この時期に、公取委は、大規模小売業者と納入業者間の納入取引に係る例示不利益行為（押付販売、協賛金提供要請、手伝店員派遣要請、減額、返品）について、大規模小売業者が組織的、計画的に多数の納入業者に対して実施している場合に、（個別納入業者ごとの意思抑圧行為を特定しないまま）不利益行為ごとに「納入業者約 40 名に対して」というように多数の納入業者に対する行為をまとめて直ちに濫用行為に当たるとした。

それら 17 件の勧告審決または排除措置命令について違反事業者から不服申立てとして審判請求や取消訴訟提起が行われることはなかった。さらに、大規模小売業者と納入業者間の納入取引における不利益行為について優越的地位の濫用に該当することが確定後に、被害者である納入業者から違反事業者である大規模小売業者に対して損害賠償が請求されることもなかった。

（イ） 現行優越的地位の濫用ガイドライン 現行優越的地位の濫用ガイドラインは、この時期の法執行を全面的に正当化している。

現行優越的地位の濫用ガイドラインに記載された具体的事例 10 件について時系列で列挙すると次のようになる。

平成 10（1998）年 7 月 30 日勧告審決（ローソン）審決集 45 巻 136 頁

平成 16（2004）年 11 月 18 日勧告審決（カラカミ観光）審決集 51 巻 531 頁

平成 17（2005）年 1 月 7 日勧告審決（ユニー）審決集 51 巻 543 頁

平成 17（2005）年 12 月 26 日勧告審決（三井住友銀行）審決集 52 巻 436 頁

平成 20（2008）年 5 月 23 日排除措置命令（マルキョウ）審決集 55 巻 671 頁

図表 1　排除措置命令等一覧

No	事件番号 （処分年月日）	事件名	違反法令	行為類型
1	平成 16 年(勧)第 2 号 （平成 16 年 4 月 14 日）	株式会社ポスフールに対する件	独禁法 19 条（百貨店業特殊指定 2 項）	減額
2	平成 16 年(勧)第 3 号 （平成 16 年 4 月 15 日）	株式会社山陽マルナカに対する件	独禁法 19 条（一般指定 14 項、百貨店業特殊指定 1 項、2 項及び 6 項）	手伝店員派遣要請、減額、返品
3	平成 16 年(勧)第 30 号 （平成 16 年 11 月 11 日）	株式会社ミスターマックスに対する件	独禁法 19 条（一般指定 14 項、百貨店業特殊指定 1 項及び 6 項）	金銭提供要請、手伝店員派遣要請、返品
4	平成 16 年(勧)第 31 号 （平成 16 年 11 月 18 日）	カラカミ観光株式会社に対する件	独禁法 19 条（一般指定 14 項）	押付販売
5	平成 16 年(勧)第 32 号 （平成 16 年 12 月 6 日）	コーナン商事株式会社に対する件	独禁法 19 条（一般指定 14 項、百貨店業特殊指定 6 項）	協賛金提供要請、手伝店員派遣要請
6	平成 16 年(勧)第 34 号 （平成 17 年 1 月 7 日）	ユニー株式会社に対する件	独禁法 19 条（一般指定 14 項、百貨店業特殊指定 4 項及び 6 項）	手伝店員派遣要請、減額
7	平成 17 年(判)第 2 号 （平成 19 年 6 月 22 日）	株式会社ドン・キホーテに対する件	独禁法 19 条（一般指定 14 項、百貨店業特殊指定 6 項）	協賛金提供要請、手伝店員派遣要請
8	平成 17 年(勧)第 9 号 （平成 17 年 5 月 12 日）	株式会社フジに対する件	独禁法 19 条（百貨店特殊指定 2 項及び 6 項）	手伝店員派遣要請、減額
9	平成 17 年(勧)第 20 号 （平成 17 年 12 月 26 日）	株式会社三井住友銀行に対する件	独禁法 19 条（一般指定 14 項）	押付販売
10	平成 18 年(措)第 8 号 （平成 18 年 10 月 13 日）	株式会社バローに対する件	独禁法 19 条（大規模小売業告示 6 項、7 項及び 8 項並びに一般指定 14 項 1 号）	押付販売、協賛金提供要請、手伝店員派遣要請、減額
11	平成 19 年(措)第 6 号 （平成 19 年 3 月 27 日）	株式会社ニシムタに対する件	独禁法 19 条（大規模小売業告示 1 項、2 項及び 7 項）	手伝店員派遣要請、減額、返品
12	平成 20 年(措)第 11 号 （平成 20 年 5 月 23 日）	株式会社マルキョウに対する件	独禁法 19 条（大規模小売業告示 1 項、2 項及び 7 項）	手伝店員派遣要請、減額、返品
13	平成 20 年(措)第 15 号 （平成 20 年 6 月 23 日）	株式会社エコスに対する件	独禁法 19 条（大規模小売業告示 1 項、2 項及び 7 項）	協賛金提供要請、手伝店員派遣要請、減額
14	平成 20 年(措)第 16 号 （平成 20 年 6 月 30 日）	株式会社ヤマダ電機に対する件	独禁法 19 条（大規模小売業告示 7 項）	手伝店員派遣要請

15	平成 21 年(措)第 3 号 (平成 21 年 3 月 5 日)	株式会社大和に対する件	独禁法 19 条（大規模小売業告示 6 項及び 7 項）	押付販売、手伝店員派遣要請
16	平成 21 年(措)第 7 号 (平成 21 年 6 月 19 日)	株式会社島忠に対する件	独禁法 19 条（大規模小売業告示 1 項、2 項及び 7 項）	手伝店員派遣要請、減額、返品
17	平成 21 年(措)第 8 号 (平成 21 年 6 月 22 日)	株式会社セブン－イレブン・ジャパンに対する件	独禁法 19 条（一般指定 14 項 4 号）	その他（見切り販売の取りやめ要請）
18	平成 23 年(措)第 5 号 (平成 23 年 6 月 22 日)	株式会社山陽マルナカに対する件	独禁法 19 条（2 条 9 項 5 号）	手伝店員派遣要請、協賛金提供要請、返品、減額、押付販売
19	平成 23 年(措)第 13 号 (平成 23 年 12 月 13 日)	日本トイザらス株式会社に対する件	独禁法 19 条（2 条 9 項 5 号）	返品、減額
20	平成 24 年(措)第 6 号 (平成 24 年 2 月 16 日)	株式会社エディオンに対する件	独禁法 19 条（2 条 9 項 5 号）	手伝店員派遣要請
21	平成 25 年(措)第 9 号 (平成 25 年 7 月 3 日)	株式会社ラルズに対する件	独禁法 19 条（2 条 9 項 5 号）	手伝店員派遣要請、協賛金提供要請、押付販売
22	平成 26 年(措)第 10 号 (平成 26 年 6 月 5 日)	ダイレックス株式会社に対する件	独禁法 19 条（2 条 9 項 5 号）	手伝店員派遣要請、協賛金提供要請、

平成 20（2008）年 6 月 23 日排除措置命令（エコス）審決集 55 巻 684 頁

平成 20（2008）年 6 月 30 日排除措置命令（ヤマダ電気）審決集 55 巻 688 頁

平成 21（2009）年 3 月 5 日排除措置命令（大和）審決集 55 巻 716 頁

平成 21（2009）年 6 月 19 日排除措置命令（島忠）審決集 56 巻第 1 分冊 3 頁

平成 21（2009）年 6 月 22 日排除措置命令（セブン－イレブン・ジャパン見切り販売制限）審決集 56 巻第 2 分冊 6 頁

　大規模小売業者と納入業者間の納入取引以外の事件としては、三井住友銀行およびセブン－イレブン・ジャパン見切り販売制限事件と 1982 年一般指定改定後の旧一般指定 14 項が初めて適用されたローソン事件（平成 10（1998）年）を除くと、2004（平成 16）年から 2009（平成 21）年までの大規模小売業者と納入業者間の納入取引における、排除措置を命じた行政事件がすべてを占めている。

　現行優越的地位の濫用に係るガイドラインは、次の二つの解釈により、例示不利益行為に該当する行為はそのまま濫用行為に当たるとした。

　第 1 に、自己の取引上の地位が相手方に優越しているとは、取引の継続が困

難になることが事業経営上大きな支障を来たすため、甲が乙にとって著しく不利益な要請等を行っても、乙がこれを受け入れざるを得ないような場合をいう、とした。この優越的地位の定義は、甲が著しく不利益な要請を行い、乙がその要請を受け入れること自体を自動的に濫用行為に当たるとする解釈につながる。さらに「市場における地位」を判断要素の一つとするなど「優越的地位」を独立した市場における地位・力のように解した。

　第2に、自由競争基盤侵害型の公正競争阻害性を意味する実質要件である「正常な商慣習に照らして不当に」という要件をほぼ不要な、存在意義のない要件とした。

　その結果、大規模小売業者と納入業者間の納入取引に係る例示不利益行為または三大不利益行為（押付販売、手伝店員派遣要請、協賛金提供要請）について、大規模小売業者が組織的、計画的に多数の納入業者に対して実施している場合に、個別納入業者に対する行為態様（その意思を抑圧する程度）の立証、認定を不要とし、それらの行為をまとめて濫用行為に当たると解した。

（3）　2009 年改正法施行から 2016 年まで　　（ア）　時系列による事件一覧　　2009 年改正法施行後に次の 5 件で、大規模小売業者と納入業者間の納入取引における不利益行為が優越的地位の濫用に該当するとして排除措置命令および課徴金納付命令が下された（133 頁の**図表 1** 参照）。

1　日本トイザらス事件排除措置命令平成 23 (2011) 年 12 月 13 日
2　山陽マルナカ事件排除措置命令平成 23 (2011) 年 6 月 22 日
3　エディオン事件排除措置命令平成 24 (2012) 年 2 月 16 日
4　ラルズ事件排除措置命令平成 25 (2013) 年 7 月 3 日
5　ダイレックス事件排除措置命令平成 26 (2014) 年 6 月 5 日

　　（イ）　各行政事件における審判審決と東京高裁判決　　この 5 事件で大規模納入業者はすべて審判請求した。そのうち、日本トイザらス事件で大規模小売業者との納入取引に係る初めての公取委審判審決が下された[53]。同審判審決は、不利益行為と濫用行為とを同視して、返品と減額について不利益行為としての例外行為を設けてその例外行為に当たらない限り、相手方が返品および

---

[53]　公取委審判審決平成 27 (2015) 年 6 月 4 日審決集 62 巻 119 頁。

減額を受け入れているときにその不利益行為は優越的地位の濫用行為に該当するとした。この審決はそのまま確定した[54]。

　そのほかの4件で、公取委は請求を棄却する審判審決を下し、大規模納入業者は東京高裁へ取消訴訟を提起した。

　次の山陽マルナカ事件審判審決[55]は、日本トイザらス事件審判審決を変更して、初めて濫用行為と不利益行為とを区別して、優越的地位の濫用の要件について、「自己の取引上の地位が相手方に優越していることを利用して」、「不利益行為」、「正常な商慣行に照らして不当に」に3分類する考え方を採用した。

　山陽マルナカ事件東京高裁判決令和2（2020）年12月11日[56]が、大規模小売業者への納入取引に係る初めての東京高裁判決である。同判決は、排除措置命令には、違反行為内容（個々の納入業者に対する行為態様等）が記載されていないとして、審判審決は取り消すことが相当であった旨判示し、公取委もこれに従い審判審決を取り消した。

　他方、ラルズ事件東京高裁判決令和3（2021）年3月3日[57]は、個々の納入業者に対する行為態様等を認定していない内容の同事件審判審決をそのまま維持して請求を棄却し、この判決は最高裁の上告却下により確定した。さらに、ダイレックス事件でも、東京高裁は、令和5（2023）年5月26日に同様に請求棄却の判決を行っている。なお、エディオン事件は、東京高裁に係属中である。

　いずれにせよ、2009年までの、おそらくは平成26（2014）年ダイレックス事件までの大規模小売業者への納入取引に対する行政調査実務や排除措置命令の記載方法は、今日では公取委自体によっても採用されない。

　大規模小売業者による納入取引に係る課徴金額の算定方法について、現行の公取委の算定方法では、いくつもの不利益行為を含む事件でも、単一の濫用行為と法律構成して単一の違法行為期間が算定されるとしている。この算定方法に問題があり、不利益行為ごとに濫用行為に該当するかが認定されて、不利益

---

[54]　ここまでと、上記5件の排除措置命令の内容については、村上・前掲注＊38「第3章　Ⅲ　優越的地位の濫用の禁止」130頁以下参照。
[55]　公取委審判審決平成31（2019）年2月20日審決集61巻第1分冊95頁。
[56]　東京高判令和2（2020）年12月11日審決集67巻122頁。
[57]　東京高判令和3（2021）年3月3日審決集67巻444頁。

行為ごとに違法行為期間が決定されるとすることが優越的地位の濫用規制の基本的性格に合致する*58。

（4）　平成26（2014）年ダイレックス事件排除措置命令から現在まで

（ア）　確約手続による認定計画　　ダイレックス事件排除措置命令が下された平成26（2014）年以降、大規模小売業者による納入取引を含めて、今日まで優越的地位の濫用に該当するとして排除措置および課徴金納付を命じる事件は存在しない。今後も現行課徴金の算定問題が解決されない限り、公取委が大規模納入業者による納入取引について優越的地位の濫用に該当するとして排除措置および課徴金納付を命じることはないものと予想される*59。

令和2（2020）年以降、優越的地位の濫用行為については、大規模小売業者との納入業者間の納入取引事件3件を含めて、確定手続による確定計画の認定が行われている（**図表2　認定確約計画一覧**参照）。

図表2　認定確約計画一覧

No	確約計画認定日	報道発表資料名	違反法令	行為類型
1	令和2年8月5日	ゲンキー株式会社から申請があった確約計画の認定について	独禁法19条（2条9項5号）	手伝店員派遣要請、押付販売、経済上の利益の提供要請、返品
2	令和2年9月10日	アマゾンジャパン合同会社から申請があった確約計画の認定について	独禁法19条（2条9項5号）	減額、経済上の利益の提供要請、返品
3	令和3年3月12日	ビー・エム・ダブリュー株式会社から申請があった確約計画の認定について	独禁法19条（2条9項5号）	押付販売
4	令和5年4月6日	株式会社ダイコクから申請があった確約計画の認定について	独禁法19条（2条9項5号）	返品、手伝店員派遣要請

---

*58　2009年の優越的地位の濫用行為に係る課徴金を導入当時、その金額の算定方法は定まっていなかった。大規模小売業者の納入取引に係る最初の事件である山陽マルナカ事件において、優越的地位の濫用行為とカルテルではその性格が大きく異なっているにもかかわらず、カルテルにおける課徴金額算定方法をそのまま採用した。

*59　村上・前掲注*45「第6章 判例法のさらなる展開を」Ⅳ以下256頁、「Ⅴ 大規模小売業者への納入取引」を参照。この段階では、4審判審決に対する取消訴訟が東京高裁で係争中である。同書では、大規模小売業者への納入取引以外の優越的地位の濫用に該当するとして争われた、その他の民事訴訟を取り上げている。

　公取委は、当該行為が 19 条（2 条 9 項 5 号）の規定に違反する疑いがあると
して、確約手続通知を行ったところ、相手方から確約計画の認定申請があり、
当該計画が独占禁止法に規定する認定要件に適合すると認め、当該計画を認定
したとしている。なお、確約計画の認定は当該行為が独占禁止法に違反するこ
とを認定したものではない旨明記されている。

　　（a）　令和 2（2020）年 8 月 5 日ゲンキー株式会社に対する件　　大規模小
売業者であるゲンキー株式会社が、納入業者に対して、①新装開店等に際して、
手伝店員の派遣要請、②クリスマスケーキ等の購入要請（押付販売）、③催事の
開催など様々な名目による金銭の提供要請、④売上不振商品の返品を行ってい
た。

　確約計画において、対象行為を取りやめていることの確認および同様の行為
を行わないことを取締役会で決議し、納入業者や従業員に対する周知徹底する
ことなどとともに、確約計画に、違反被疑行為のうち、手伝店員派遣要請につ
いて、納入業者に対する金銭的価値の回復を含めている。

　納入業者について、自ら販売する商品をゲンキーに直接販売して納入する事
業者のうち、ゲンキーと継続的な取引関係にあるものと定義している。

　手伝店員の派遣要請について、「あらかじめ当該納入業者との間でその従業
員等の派遣の条件について合意することなく、かつ、派遣のために通常必要な
費用を自社が負担することなく」という除外事由を明記している。金銭提供の
要請について、「あらかじめ算出根拠について明確に説明することなく」とい
う除外事由を明記している。

　　（b）　令和 2（2020）年 9 月 10 日アマゾンジャパン合同会社に対する件
アマゾンジャパン合同会社は、納入業者に対して、①支払代金の減額、②様々
な名目による金銭提供要請、③返品を行っていた。

　確約計画において、対象行為の取りやめを約束することなどのほか、減額、
経済上の利益の提供要請、返品について、納入業者に対する金銭的価値の回復
を含めている。納入業者のうち約 1400 社に対し総額約 20 億円と見込んでいる。

　減額について、「当該本件納入業者の責めに帰すべき事由がなく、かつ、対
価を減額するための要請を対価に係る交渉の一環として行うことなく、かつ、
当該本件納入業者から値引き販売の原資とするための減額の申出がない又は当

該申出に基づき値引販売を実施して当該商品が処分されることが当該本件納入業者の直接の利益とならないにもかかわらず」という除外事由を明記している。

　金銭提供要請について、「あらかじめ負担額の算出根拠等を明らかにせず、又は、当該金銭の提供が、その提供を通じて当該本件納入業者が得ることとなる直接の利益等を勘案して合理的な範囲を超えた負担となるにもかかわらず」という除外事由を明記している。

　返品について、当該本件納入業者の責めに帰すべき事由がなく、かつ、①当該商品の購入に当たり当該本件納入業者との合意により返品の条件を明確に定め、当該条件に従って返品する場合、②あらかじめ当該本件納入業者の同意を得て、かつ、当該商品の返品によって当該本件納入業者に通常生ずべき損失を自社が負担する場合、③当該本件納入業者から当該商品の返品を受けたい旨の申出があり、かつ、当該本件納入業者が当該商品を処分することが当該本件納入業者の直接の利益となる場合のいずれにも該当しないにもかかわらず、という除外事由を明記している。返品の③はトイザらス事件の行為で問題となった新製品の販売開始に際し旧製品の処分を急ぎたいような場合が該当するものと考えられる。

　また、「当該本件納入業者」が使用されているように、アマゾンジャパン合同会社と個別納入業者間の行為態様がかなりの程度、考慮されている。

　(c)　令和3 (2021) 年3月12日ビー・エム・ダブリュー株式会社に対する件　　ビー・エム・ダブリュー株式会社が、新車について、継続して取引している自動車ディーラーの大部分に対して、これまでの販売実績等からみて当該ディーラーが到底達成できない新車販売計画台数案を策定し、当該ディーラーとの間で十分に協議することなく販売計画台数を合意させることなどを押付販売に該当するとした。この要請を受けたディーラーのなかには、新車を自社の名義で新規登録したうえ、中古車として販売するものもいた。確約計画において、対象行為を取りやめていることの確認、措置の周知徹底などの各種の措置を講じることなどをその内容としている。

　この件の各ディーラーに対する新車販売計画台数案が妥当か否かはかなり判断の難しい事柄である。

　(d)　令和5 (2023) 年4月6日株式会社ダイコクに対する件　　ドラッグ

ストアである株式会社ダイコクは、①新型コロナウィルス感染症の影響を受けた売れ残り商品等の返品、②新規開店、閉店等に際する手伝店員の派遣要請を行っていた。

　返品、手伝店員の派遣要請について、アマゾンジャパン合同会社に対する件と同様の除外事由が設けられている。ただし、新型コロナウィルス感染症によるインバウンド需要の減少は除外事由に当たらないとしている。

　確約計画において、対象行為を取りやめていることを確認することなどのほか、返品、手伝店員の派遣要請について、納入業者に対する金銭的価値の回復を含めている。納入業者のうち約 80 社に対し、総額約 7 億 5000 万円と見込んでいる。

　金銭的価値の回復については、個別の納入業者ごとに支払金額を定めたリスト（一覧表）が作成されて、そのリストに従い当該納入業者に該当金銭が支払われているとされる[60]。

　不利益行為ごとにみると、（b）のように、金銭的損害の回復が行われる事件も行われない事件もあるうえ、なかには（a）のように、不利益行為のうち、手伝店員の派遣要請に限定して金銭的損害の回復が行われる事件もある。一応不利益行為ごとに納入業者に支払われる金額は決定、合意されている様子である。ただし、現実に納入業者に支払われる金額がどのように決定されるのかについてのルールは明らかにされていない。

　また、不利益行為ごとに、納入業者ごとの行為態様が考量されているのかについても明らかにされていない。結果的に、大規模小売業者への納入取引についての規制は返品、減額等に関する下請法による規制にかなり近いものとなっている。

　いずれにせよ、10 年間以上、現行優越的地位の濫用に係る課徴金制度のもとで、排除措置および課徴金納付が命じられていない状況が続いているのであって、優越的地位の濫用行為については認定確約計画により処理するという実務が固まっている[61]。

---

*60　納入業者に対する金銭価値の回復は、英米法の国における集団訴訟の和解手続に類似した制度である。この集団訴訟の和解手続では個別被害者に和解結果が個別に通知されるが被害者はその和解条件に従い損害賠償金を受け取るか否かを自ら決定する。

　なお、確約手続による確約計画が認定された違反被疑行為について、被害者である納入業者は民法709条に基づき損害賠償金を回復できる。その場合、損害賠償金の二重取りは許されるべきでないことから、納入業者は損害賠償金額から確約計画による支払を受けた額を控除した金額を回復できることになる。

　　（イ）　確約手続の在り方と優越的地位の濫用規制　　独占禁止法上の確約手続は、2016年改正により、環太平洋パートナーシップ協定上の規定に基づき導入されて、2018（平成30）年12月30日に発効した。通常の法改正のように研究会等で問題点を詰める機会もなく制定された。

　確約手続についても、国際的にEU競争法上の確約手続が基本的モデルである。

　独占禁止法の確約手続は、EU競争法の確約手続と比べて次の点が異なっている。

　第1　確約計画の不遵守の場合に、もとの審査手続に戻る。EU競争法の確約手続では不遵守に対して履行制裁金による履行強制を行う。この点は、排除措置命令の履行強制に関する手続の差異を反映している。

　第2　企業結合を対象行為とする。EU競争法の確約手続では企業結合は対象となっていない。独占禁止法上の現行企業結合審査手続は国際標準的なものとなっており、確約手続を付け加える必要はない。

　第3　金銭的損害の回復が認められている。EU競争法の確約手続では金銭的損害の回復は認められていない。この点は、確約手続を中小企業保護のために下請法と同様に活用しようとしたものである。第3の点から、日本独自の中小企業保護行政のために確約手続を利用することが有力な選択肢となる。

　令和2（2020）年以降確約手続がきわめて活発に用いられている。確約手続について現在はやや安易に適用されているという意見が強い。

　硬直的な義務的賦課方式の現行課徴金制度を廃止し、3条違反行為に対する上限金額方式の行政制裁金制度を導入し、自由競争減殺型の不公正な取引方法

＊61　このことは、誤った判決であると評価されるラルズ事件東京高裁判決、ダイレックス事件東京高裁判決の先例価値を、事実上失わせることを意味する。

が廃止された後は、もう一度 3 条違反である単独行為規制と共同行為規制について、違反行為と違反被疑行為を区別する形で確約手続の適用方針を見直していく必要がある。また、次回改正後は、同一行為類型に属する 3 条違反行為でも、排除措置を命じる行為と排除措置および課徴金納付を命じる行為とは分けられる。

　まず、違法度の最も高い行為類型であるカルテルに対しては、課徴金納付を命じて確約手続を用いるべきではない。この原則は現在でも守られている。

　次いで、カルテル以外の 3 条違反行為のうち、重大性の高い違反行為として、課徴金納付を命じるべき行為について確約手続は用いられない。

　さらに、カルテル以外の 3 条違反行為のうち、課徴金納付を命じる行為は当然として、課徴金納付があり得る行為類型（排除型私的独占行為、垂直的価格制限、共同の取引拒絶）に該当する行為については、原則として違反を認定することが相当であり確約手続を用いるべきではない。ただし、この点については、公取委の事件処理における裁量権の行使を認めざるを得ない。

　また、認定確約計画には判例法上の先例価値はないのであり、カルテル以外の 3 条違反行為のうち、先例価値をもたせる行為については排除措置を命じることが相当である。すなわち、判例法として行為類型ごとのルールを明らかにする行為については確約手続をとらず、排除措置を命じることが相当である。

　他方、確約手続は違反か否かの判断の難しい行為について、違反であるか違反でないかを決定することを回避したうえで、競争当局間と相手方事業者間で合意した具体的措置内容を講じてその事件を終えるという行政上の和解に当たる手続として活用される。最先端技術分野や規制産業分野において適当な事案があれば積極的に確約手続を活用することが相当である *62。

---

*62　EU 競争法上の確約手続は、IBM 事件（1984 年手続打切決定）におけるアンダーテイキング（取決め-undertaking）の締結による終了という和解手続から生まれた。村上政博『EC 競争法〔第 2 版〕』（弘文堂・2001 年）236 頁参照。
　　高度先端技術分野や規制産業における主要事業者による単独行為について事件審査を進めると、競争法違反になるか否かの判断がきわめて難しいことが判明する事件が出てくる。そのような事件では、当該行為が 102 条に違反するか否かを決定せずに、相手方事業者と合意した一定の措置をとらせることにより事件を終了するという事件処理が必要になる。同時に、欧州裁判所の最終判断に至る手続を省略して、早期に競争状態の回復を実現できる。また、欧州委員会は、この和解手続に応じたことにより当該行為が 102 条に違反しないことを宣言する。相手方事業者が当該是正措置をとったことにより第三者から 102 条違反による損害賠償請求訴訟を

　また、競争ルールに当たらない競争制限的性格を有する行為を規制対象とする日本固有の規制である、優越的地位の濫用行為および不正競争行為については、その行為の性格上、確約手続を積極的に活用することが相当である。

　特に、独占禁止法の確約手続では日本独自の制度として、確約計画の措置に、金銭的損害の回復措置が含まれる。民事上の規制、中小企業保護法という性格の優越的地位の濫用規制および不正競争行為に特に確約手続が適用しやすくなっている。とりわけ、大規模小売業者・小売業者間の納入取引事例についてはこれまでの判例法の展開を踏まえると確約手続により処理することが相当である。

　（ウ）　大規模小売業者による納入取引についての事件処理　　優越的地位の濫用規制の基本的性格に照らすと、大規模小売業者と納入業者間の納入取引に係る排除措置命令については、個別に納入業者に対する意思を抑圧したという行為態様を認定することが相当である。

　仮に、優越的地位の濫用に係る課徴金制度を残すとしても、優越的地位の濫用規制の基本的性格に照らすと、課徴金額の算定は個別不利益行為ごとに行われることが相当である。そこで、優越的地位の濫用に係る課徴金額は、不利益行為ごとにその行為態様から取引を余儀なくされた納入業者に絞って算定されることが相当である。

　この点から、確約手続による確約計画の認定による処理は、課徴金納付を命じた過去の５事件の処理と比べて、一応不利益行為ごとに、納入業者ごとの金銭的損害額を算定している点など、はるかに妥当なものである。

　大規模小売業者と納入業者間の納入取引についての規制は、もともと中小事業者保護のために実施されるものである。その趣旨に合致するように、下請法に合わせて、不利益行為ごとに納入業者への行為態様を勘案したうえ、確約計画に金銭的損害の回復を含める形で確約計画の認定による事件処理が妥当であ

受けることを事実上回避して、和解を促進させる効果をもつ。欧州委員会ですら当該行為が102条違反と認定できなかったことから、ましてや私人が加盟国裁判所において当該行為が102条違反であるという立証に成功することは事実上不可能に近いと評価される。ただし、欧州委員会および相手方事業者の双方が満足する内容の是正措置に到達できることがこの和解手続の前提であり、双方が納得する内容の是正措置に到達できない場合にはこの手続は成立しない。

る。

　日本の独占禁止法は昔から中小企業保護政策に重点を置いた法制であり、優越的地位の濫用規制自体がそのことを反映した日本固有の規制である。このことからは、大規模小売業者への納入取引における納入業者の保護を図るものとして、下請法による規制に類似したものとして日本独自の確約手続に従って処理することが相当である*63。

VII　協同組合の活動に対する独占禁止法上の適用除外

1　あるべき解釈論

　協同組合の活動に対する独占禁止法上の適用除外については『独占禁止法〔第 10 版〕』「4　一定の組合の行為」81 頁〜88 頁に記載したとおりである。

　現行農業協同組合ガイドラインが完全に誤った内容であることはすでに指摘した。

　ここでは、まず、現行 22 条但書の「不公正な取引方法を用いる場合」が無効な規定であることを解説する。自由競争減殺型の不公正な取引方法の廃止という次の改正課題を進めるためにも、土佐あき農業協同組合事件東京高裁判決を覆すことが必要である。

　次いで、村上・独占禁止法〔第 10 版〕での前述の解説を一歩進めて、農業協同組合や漁業協同組合による組合員に対する全量出荷義務については、現行法のもとでは、22 条柱書による適用除外を受けるため、独占禁止法違反としてではなく、所管省庁による個別協同組合法に基づく措置・処理に委ねることが相当であることを解説する。

2　22 条但書の趣旨

（1）　クレイトン法 6 条およびカパー・ヴォルステッド法　　原始独占禁止法 24 条（現行 22 条と同一条文であり、以下 22 条という）は、クレイトン法 6 条

---

　*63　独占禁止法の特例法である下請法による規制をどこまで手厚く行うか、さらには中小企業カルテルである中小協同組合の共同経済事業のうち、中小企業協同組合による組合員に対する全量出荷義務について適用除外を受けるとして容認すべきであるか、すべて独占禁止法のなかで中小企業保護政策をどこまで実施するべきかという課題に関するものである。

（1914年制定）およびカパー・ヴォルステッド法（1922年制定）をモデルとして規定された。

　クレイトン法6条は農業協同組合の活動について米国反トラスト法からの適用除外を認めた。

　カパー・ヴォルステッド法は、クレイトン法6条で適用対象となっていない資本金を有する（会社形態の）農業協同組合にまで適用除外を受ける対象を拡大した。

　米国最高裁は、農業者は、協同組合として、共同して活動することができること、相互扶助のための正当な目的は、協同組合によって米国反トラスト法に違反することなく遂行されること、しかし、協同組合は、それ以外の点ではあたかも私企業の事業会社と同じように、シャーマン法2条に関して同等の責任を負う事業体として活動する旨判示している。

　このように、農業者が協同組合を結成し、単一事業体として共同経済事業を行っている限り、当該協同組合の関連市場における市場占有率がいかに高くとも、クレイトン法6条およびカパー・ヴォルステッド法1条により米国反トラスト法からの適用除外を受ける。

　他方、カパー・ヴォルステッド法2条は、「農務長官は、その農業団体が数州間若しくは外国通商を独占化し又は取引を制限し、そのために当該農作物の価格が不当に高くなっていると判断する場合に、その農業団体に対して独占化又は取引制限をやめるよう命じることができる。この命令は、その団体が遵守しない場合、司法長官により執行される」と規定する。同法2条は、競争価格を上回る販売価格の設定という関連市場における弊害が生じる場合に、農務長官に、例外的な規制権限を付与するものである。しかし、米国でも適用されることもない規定となっている。

　（2）　22条但書の解釈　　22条柱書は、クレイトン法6条およびカパー・ヴォルステッド法1条をモデルとして規定され、22条但書はカパー・ヴォルステッド法2条をモデルとして規定された。

　共同経済事業に該当する協同組合の行為については独占禁止法上のすべての禁止規定からの適用除外を受ける。共同経済事業の範囲を超える行為については、独占禁止法3条、19条などが適用される。

　22 条但書は、カパー・ヴォルステッド法 2 条と同様に、例外的な弊害規制として、協同組合がその市場支配力を濫用して原価や競争価格を大きく上回る販売価格を設定するような場合に、公取委にこの但書に該当するとして価格引下げ命令などの行政上の措置を講じるようにしたものである。すなわち、22条但書のうち、「一定の取引分野における競争を実質的に制限することにより不当に対価を引き上げることとなる場合」については、共同経済事業を行う適格組合が、一定の取引分野において独占力、市場支配力を有し、それに基づき販売価格を設定すること自体は「組合の行為」に該当することを前提として、いわば例外的な弊害規制として、協同組合が原価や競争価格を大幅に上回る販売価格を設定するような行為を違法とし、その場合に公取委に但書に該当するとして価格引下げ命令などの行政上の措置をとることができるようにしたものである。

　22 条但書に、関連市場における弊害が生じる場合以外に例外事由を設ける必要はない。したがって、「不公正な取引方法を用いる場合」との規定（昭和28（1953）年以降も 22 条但書に「不公正な取引方法を用いる場合」を規定し続けていること）は明白な誤りである。

　「不公正な取引方法を用いる場合」は、協同組合の当該行為が適用除外を受けるのであれば、独占禁止法 19 条の適用も除外されるのであって、一旦適用しないとした 19 条を蒸し返して適用するという論理矛盾を生じる、その存在自体が誤ったものであり、今日では無効であると解される*64。

（3）　土佐あき農業協同組合事件東京高裁判決　　ところが、土佐あき農業協同組合事件で、控訴人は、「農協に対する不公正な取引方法が問題となる場合、独禁法 22 条ただし書により規制される場合と同法 19 条をストレートに適用する場合があり、後者の場合は、協同組合が事業者として、他の事業者に不公正な取引方法に該当する行為を行うときであり、前者の場合は、協同組合が共同事業を行うに当たって、組合員に対して利用強制を行うときである。」と

＊64　但書の規定内容は、22 条柱書に該当する行為に適用されるため、この解釈が妥当である。協同組合の当該行為が適用除外を受けないのであれば、19 条が適用されて処理される。当該行為が 22 条柱書の適用を受けて 19 条に違反しないと判断されたときに、もう一度 19 条に違反するか否かを蒸し返すことは許されるべきでない。

したうえ、本件では、協同組合が共同経済事業を行うにあたって、組合員に対して利用強制を行うときであるから 22 条但書により規制されるときであると主張した。東京高裁も、「本件は、協同組合が共同事業を行うにあたって、組合員に対して利用強制を行う場合が問題となる事案であるから、独禁法 19 条をストレートに適用する事案ではなく、同法 22 条ただし書を経由して同法 19 条を適用する事案であ」るとした*65。

　このように、22 条但書の文理をそのまま当てはめた土佐あき農業協同組合事件東京高裁判決は、完全に誤った判例である。

3　22 条柱書と全量出荷・利用強制

（1）　伝統的な法適用　　平成 11（1999）年の適用除外一括廃止法による適用除外法の廃止を受けて、日本でも、事業者としての協同組合による共同経済事業を超える行為については 3 条、19 条などを適用する一方で、組合員に対する共同利用施設の利用義務付けを含む協同組合による共同経済事業に該当する行為については、22 条柱書による適用除外を認めるという解釈が固まりつつあった。

　協同組合の事業者の行為が共同経済事業の範囲を超えているとして 3 条や 19 条が適用された判例が増加するとともに、中小企業協同組合の行為について組合員に対する利用強制を許容する判例も出てきた。

　組合員に対する共同利用施設の利用強制を独占禁止法違反とする事例はなくなり、農業協同組合や漁業協同組合による組合員に対する農水産物の全量出荷義務は、共同販売に伴う行為として独占禁止法からの適用除外を受けた。

　村上・国際標準の競争法へ「第 14 章　協同組合の活動に対する規制」は、規制改革会議等で農協改革が本格化する以前の 22 条柱書の解釈を解説している。

（2）　農業協同組合および漁業協同組合による組合員に対する全量出荷義務

　　近年、第 1 次産業における規制緩和の動きを受けて、さらには所管省庁による協同組合の組合員に対する全量出荷義務の是正を求める方針（政策転換）を受けて、農業協同組合および漁業協同組合による組合員に対する全量出荷義

---

*65　東京高判令和元（2019）年 11 月 27 日審決集 66 巻 476 頁。

務が 22 条柱書による適用除外を受けるか否かが大きな問題となっている。

　この動きに関連する事件は農業協同組合についての土佐あき農業協同組合事件排除措置命令（平成 29（2017）年）＊66、と大分県農業協同組合事件排除措置命令（平成 30（2018）年）＊67である。

　土佐あき農業協同組合事件で、土佐あき農業協同組合（以下、「土佐あき農協」という）は、園芸農産物の選果等を行うための施設である集出荷場を運営して、当該集出荷場に出荷された園芸農産物の販売を受託していた。土佐あき農協は、自らが受領した園芸農産物の販売代金から諸経費の見込み額を控除し、さらにその残額から販売手数料として残額の 3.5 ％ を控除して、販売受託者に残りの金額を支払っている。土佐あき農協は、かねてから自らの集出荷場を利用できる者を限定していたが、遅くとも平成 24（2012）年 4 月以降、系統外出荷をした者などからなすの販売を受託しないこととして、組合員からのなすの販売を受託した。あるいは、系統外出荷を行っていた組合員から系統外出荷手数料および罰金を徴収していた。

　この件で、公取委および東京地裁は、土佐あき農業協同組合の行為について、22 条柱書の適用除外を受けるか否かについては解釈を示さず、不公正な取引方法の拘束条件付取引に該当するとした。

　大分県農業協同組合事件で、公取委は、大分県農業協同組合が、こねぎの販売受託に関して、個人出荷を理由として味一ねぎ生産部会を除名された 5 名に対して、味一ねぎに係る販売事業等を利用させない行為について、取引条件等の差別取扱いに該当するとした。

　また、公取委は、令和 5（2023）年 6 月 27 日に、福岡有明海漁業協同組合連合会の行為について、確約手続に従い、確約手続に係る通知を受けた福岡有明海漁業協同組合連合会から受けた確約計画を認定した＊68。

　福岡有明海漁業協同組合連合会は、会員である漁業協同組合を通じて、その

＊66　公取委排除措置命令平成 29（2017）年 3 月 29 日審決集 63 巻 179 頁。
＊67　公取委排除措置命令平成 30（2018）年 2 月 23 日審決集 64 巻 291 頁。
＊68　公取委は、令和 4（2022）年 6 月 7 日に、九州 3 県の漁業協同組合（福岡有明海漁業協同組合連合会、佐賀県有明海漁業協同組合、熊本県漁業協同組合連合会）が九州有明海での海苔の生産者である組合員に対して、全量出荷を求めていたことが独占禁止法違反（不公正な取引方法）の疑いがあるとして立入検査を行った。佐賀県有明海漁業協同組合、熊本県漁業協同組合連合会に対する調査は継続中である。

組合員である生産者から海苔(のり)の販売を受託し、自らが実施する海苔の入札により指定商社に販売していた。確約計画は、①漁業協同組合を通じて、生産者に対し、生産した海苔の全量を生産者が所属する漁業協同組合に出荷する旨の誓約書に署名させるとともに、その誓約書を遵守するよう要請していること、②漁業協同組合に対し、生産者から集荷した海苔の全量を自らに集荷する旨の覚書を定め、それを遵守するように要請していたこと、を止めることなどを内容としている。この確約計画認定書にも、公取委が福岡有明海漁業協同組合連合会の当該行為が独占禁止法に違反することを認定したものでない旨明記されている。独占禁止法違反を認定しないまま、第1次産業における協同組合による組合員に対する全量出荷をやめさせるという意味において実質的に妥当な事件処理であるとも考えられるが、公取委の排除措置命令、当該協同組合による訴訟提起と続けて、漁業協同組合による組合員への全量出荷義務が22条柱書の適用除外を受けるか否かという独占禁止法上最大の法的争点を解決することを回避したことになる。

（3） 今日的課題としての22条柱書と全量出荷　協同組合による自己の組合員に対する、共同施設への利用強制、産出物の全量出荷義務付けについて、どこまで独占禁止法（3条、19条、企業結合規制など）からの適用除外を受けるかは、22条但書の問題でなく、22条柱書の問題である。すなわち、22条柱書の解釈として、第1次産業の経済実態の変化、さらにはそれを反映した個別協同組合法を所管する省庁の対処方針の変化から、協同組合による組合員に対する全量出荷義務が、適用除外を受ける共同経済事業に含まれるか否かについて22条柱書に係る明確な判例法を確立すべきである。

　その場合、独占禁止法の業種横断的な性格から（中小企業協同組合、森林協同組合を含む）すべての協同組合に適用されるルールとして確立される必要がある。

　立法政策的には、22条柱書の適用除外を国際標準的な適用除外と同様に、第1次産業における協同組合に限定して、中小企業協同組合法による協同組合を適用除外の対象から除外することが考えられる。そのうえで、農業協同組合法、水産業協同組合法、森林協同組合法による協同組合について今日組合員に対する全量出荷義務を適用除外から外すことは可能であると評価される。

　協同組合による組合員に対する全量出荷義務が 22 条柱書による適用除外を
受けないとする場合には、中小企業協同組合による組合員に対する全量出荷義
務についても独占禁止法からの適用除外を受けない制度にする必要がある。

　しかし、生コンクリート協同組合に代表される中小企業協同組合の活動にお
いては組合員に対する全量出荷義務は共同販売事業にとって不可欠であると評
価されている。中小企業保護政策が優位にある日本の行政や国会のなかで、22
条柱書から中小企業協同組合法による協同組合を除外することは当面の間実現
することは困難である。このように考えると、中小企業協同組合の行為が 22
条の対象行為に含まれる限り、独占禁止法の業種横断的性格から、組合員に対
する全量出荷義務は 22 条柱書の適用除外を受けると解される。

　今後農業協同組合による組合員に対する全量出荷義務についても確約手続で
処理する事例が続くようであれば、公取委は確約手続の対象行為は独占禁止法
に違反しない旨宣言するのであって、協同組合による組合員に対する全量出荷
義務については、22 条柱書による適用除外を受けて独占禁止法に違反しない
という推定を受けることになりかねない。

　また、農業協同組合等による組合員に対する全量出荷義務が 22 条柱書の適
用除外を受ける場合でも、農業協同組合法等の所管省庁は個別協同組合法の解
釈・運用の問題として、必要に応じて当該協同組合に対して措置等を命じるこ
とができる。

　法理論上、農業協同組合法および水産業協同組合法を所管する農林水産省
（大臣）や水産庁（長官）は、個別協同組合法の解釈問題として、組合員に対す
る全量出荷義務を課すことをやめるように、さらには従わない組合員に対する
共同施設の利用拒絶をやめるように、当該協同組合に対して行政処分（是正指
導）を行うことができる。要点は、個別協同組合法を所管する省庁は競争政策
を推進するという観点から協同組合の行為について是正指導や措置を命じるこ
とができることである。この点は、規制産業において、個別事業法を所管する
官庁が実施できる行政権限の行使と同様である。

（4）　組合員に対する全量出荷義務とその独占禁止法上の評価

　組合員に
対する全量出荷義務に係る個別行為としては、土佐あき農業協同組合事件の行
為、大分県農業協同組合事件排除措置命令[*69]の行為および、有明ノリについ

ての九州3県の漁業協同組合の行為がある。仮に、組合員に対する全量出荷義務が22条柱書による適用除外を受けない場合に、それらの行為が独占禁止法に違反するか否かを検討する。

　土佐あき農業協同組合事件の行為が22条柱書による適用除外を受ける場合には拘束条件付取引に該当するとした同事件東京地裁判決が示すとおり、排除型私的独占、拘束条件付取引、排他条件付取引のいずれかに該当し独占禁止法に違反する。

　大分県農業協同組合（以下、「大分県農協」という）の行為は次のとおりである。

　こねぎを出荷する際には、外見を整えるなどのために調整作業を行う必要があり、こねぎの出荷に際しては、こねぎを結束して一束ごとに包装する必要がある。大分県農協は、国等から補助金の交付を受けて集出荷施設を設置し、組合員に利用させる事業を行っている。こねぎを生産する大分県農協の組合員の多くは調整作業に関して大分県農協が運営する調整場を利用しているところ、本件5市およびその近隣の地域において、当該調整場と同程度の処理能力を有する施設は他に存在しない。

　また、大分県農協は、パッケージセンターにおいて出荷前作業を行っているところ、5市およびその近隣の地域において、同パッケージセンターと同程度の処理能力を有する施設は他に存在しない。

　味一ねぎ部会は、大分県の5市においてこねぎの生産を行っている大分県農協の組合員によって構成されている事業推進組織であり、部会員の数は、平成27（2015）年6月末日で62名であった。

　大分県農協の組合員であり、平成26（2014）年4月14日より前は、味一ねぎ部会の会員であった5名は、味一ねぎの販売価格の下落に伴って大分県農協から支払われる対価が減少し、会社経営上、大分県農協に対するこねぎの販売委託だけで採算をとることが困難な状況になり、大分県農協以外のこねぎの出荷先を新たに確保する必要が生じたことから、平成24（2012）年7月以降、大分県農協に対する販売委託に加え、こねぎの商系業者等に対して個人出荷を行うようになった。個人出荷とは、こねぎを生産する大分県農協の組合員が大分県

農協以外にこねぎを出荷することをいう。

　味一ねぎ部会は、平成 26 (2014) 年 3 月頃、5 名に対し、味一ねぎ部会の承認を得ていない個人出荷を取りやめなければ除名の対象になり得ることを通知し、同年 4 月 14 日、当該承認を得ずに個人出荷を続けていることを理由に 5 名を除名した。

　大分県農協は、味一ねぎ部会による除名の措置を受け、味一ねぎに係る販売事業等における 5 名の取扱いについて検討を行い、5 名が出荷するこねぎを「味一ねぎ」の銘柄で販売せず、別の新たな銘柄で販売する方針を決定し、平成 26 (2014) 年 5 月 22 日ころ、5 名に対し、口頭で方針を通知した。

　5 名は、出荷するこねぎを引き続き「味一ねぎ」の銘柄で販売するように要請した。しかし、大分県農協は、同要請を拒否し、その後 5 名に対して「味一ねぎ」とは別の新たな銘柄での販売を繰り返し求め、また、平成 27 (2015) 年 3 月 10 日付の文書により、5 名に対して、同内容の方針を改めて通知した。ただし、この段階では、大分県農協は、別の新たな銘柄が決まるまでの当面の措置として、5 名が味一ねぎに係る販売事業等を利用することを認めていた。

　この結果、5 名のうち 1 名は、平成 26 (2014) 年 11 月ころ以降、大分県農協に対するこねぎの販売委託を取りやめた。4 名は、味一ねぎに係る販売事業の利用を諦めざるを得なくなり、平成 27 (2015) 年 6 月 29 日付の文書により、4 名が出荷するこねぎの販売に係る新たな銘柄の決定を大分県農協に一任した。

　大分県農協は、平成 27 (2015) 年 8 月 28 日ころ、4 名に対し、4 名のこねぎについて、出荷場所をパッケージセンターから他の施設に変更すること等を通知した。これに伴い、4 名は、大分県農協に出荷するこねぎについて、集出荷施設を利用することができなくなった。大分県農協は、平成 27 (2015) 年 9 月 1 日以降、4 名から販売を受託するこねぎについて、出荷前作業を行わず、無銘柄のこねぎとして共同販売するようになった。

　無銘柄で共同販売されていたこねぎに係る対価は、味一ねぎに係る販売事業を利用する場合の対価と比べて低い金額であった。4 名は、その共同販売では販売単価が低く、採算が合わなかった等から委託を取りやめた。5 名のなかには、平成 27 (2015) 年 9 月以降、こねぎの出荷量を 1 割ないし 4 割程度減少させた者がいた。

　この件で、公取委は、大分県農協は、こねぎの販売受託に関し、個人出荷を理由として味一ねぎ部会を除名された5名に対して、味一ねぎに係る販売事業等を利用させない行為を行っており、この行為は、大分県農協が、不当に、ある事業者に対し取引の条件について不利な取り扱いをしているものであって、不公正な取引方法の4項（取引条件等の差別取扱い……不当に、ある事業者に対し取引の条件又は実施について有利又は不利な取扱いをする行為）に該当し、19条に違反するものであるとした。大分県農は取消訴訟を提起しなかったため、排除措置命令はそのまま確定した。

　大分県農協の行為は、除名処分を受けて共同経済事業を利用できなくなった組合員の数が少なく、除名処分に手厚い手続を保障している。さらに、産地銘柄の保護のためという正当化事由があり、関連市場における市場閉鎖効果も乏しい。大分県農協の行為は、22条柱書の適用除外を受けない場合には、独占禁止法上許容される可能性の高い行為である。

　有明ノリについての九州3県の漁業協同組合による組合員への全量出荷義務は、22条柱書による適用除外を受けない場合に、生産者側のメリットと流通側のメリットを考慮したとしても、当該漁業協同組合の高い市場占有率等からは独占禁止法に違反する可能性の高い行為であると考えられる。

　(5)　新設農業協同組合法10条の2の法的効果　　農業協同組合法については、農協改革に伴い、「組合は、前条の事業を行うに当たつては、組合員に対しその利用を強制してはならない」と規定する農業協同組合法10条の2が新設された（平成27（2015）年9月成立、平成28（2016）年4月施行）。他方、水産業協同組合法には10条の2のような規定は新設されていない。

　農業協同組合法10条の2の解釈は未だ不確定な状態が続いている。

　この10条の2に関して、農業協同組合等に対する監督指針は、「組合員に対して農協以外に出荷することを制限し、農協を利用しないことを理由として共同利用施設に利用を制限することなど」を「法第10条の2の規定に反して組合員に事業利用を強制する行為」としている。ただし、10条の2の「組合は、……組合員に対しその利用を強制してはならない」は、抽象的な禁止規定であり、特定銘柄の普及などの正当化事由について例外を一切認めない規定であるのかは定かでない。

　農林水産省も、今日では、組合員が生産物を農協に全量出荷するようにいわれて、そのとおり出荷していたとしても、農業協同組合が個々の組合員と十分に話し合って納得を得られる場合には問題とならないとしており、その解釈・運用は必ずしも定かではない。

　農業協同組合法を所管する農林水産省（大臣）は、農業協同組合法 10 条の 2 に基づき、組合員に対する全量出荷義務を課すことをやめるように、さらには従わない組合員に対する共同施設の利用拒絶をやめるように、当該協同組合に対して行政処分（是正指導）を行うことができる。

　公取委は、農業協同組合の具体的行為について 22 条柱書の適用除外を受けるか否かを判断し、適用除外を受けない場合に、（優越的地位の濫用を含めて）3 条、19 条を適用することで足りる*70。

VIII　排除措置に係る長期的課題

1　長期的な課題——積極的行為命令および履行確保手段

　ここでの課題は、『独占禁止法〔第 10 版〕』「第 3 章 第 2 節 排除措置」の「II 排除措置の内容」「2 積極的作為命令」495 頁に詳しく記述するべき事項でもあるが、現実的課題とも評価されないため、長期的課題として解説する。

　独占禁止法では、これまで排除措置として積極的行為命令は活用されていない。また、排除措置命令の履行強制手段が整備されていない。

　これらの点は、米国反トラスト法と EU 競争法の法制・実務と比較すると明白である。とりわけ、これらの点は、米国反トラスト法や EU 競争法では、最先端技術分野における独占企業に対する排除措置の在り方やその履行強制手段について問題となってきた。

　ここでは、このような観点から、独占禁止法の法的枠組みと関連事例の取扱いを検討する。ただし、この問題は、私の世代では解決できず、次の世代に引き継ぐべき長期的課題となるものと考えられる。

*70　公取委は、平成 30 (2018) 年 12 月に、農協ガイドラインを改訂して、従来からの適用条項である抱き合わせ販売等、排他条件付取引、拘束条件付取引に加えて、取引条件等の差別取扱い、優越的地位の濫用を適用条項として追加している。この変更は、農業協同組合法 10 条の 2 の新設を反映したものと評価される。

2　米国反トラスト法および EU 競争法

（1）　積極的行為命令

排除措置としての積極的行為命令とは、知的財産権の強制実施許諾命令（希望者に対して関連特許権について適正なロイヤリティで実施許諾せよと命じる）[71]、互換性（相互運用）確保のための情報開示・提供命令（希望者に対して、当該機器等との互換性を確保するための必要な情報を開示・提供せよと命じる）、企業分割命令（甲部門と乙部門とを分離・分割せよと命じる、一定の事業部門を第三者に譲り渡すよう命じる）などをいう。これらの命令では、細かな実施手続まで命令に記述することは、可能ともまた現実的とも考えられない。それらの正式命令内容からは、具体的な措置内容・手続は一義的に決まらず、事後的に具体的な命令内容の特定または執行方法の確定が必要となる。

排除措置としてのそれら積極的行為命令は、事例によっては、競争状態を回復するための有効な措置として機能する。

また、積極的行為命令は、単独行為規制のうち、先端技術分野における独占企業の行為についての排除措置として、自己商品・サービスの優遇措置の取りやめ、抱き合わせの禁止とともに、問題となってきた[72]。

積極的行為命令のうちでも、米国反トラスト法上は構造的措置といわれる企業分割命令、EU 競争法上は相互接続・相互運用のための情報の開示提供命令が主として利用されてきた。しかも、それら積極的行為命令がどこまで有効に機能するかが競争法の世界では長らく議論されてきた。

（2）　排除措置命令の履行確保手段

米国では、独占事業者に対する排除措置命令は、司法省による提訴を受けて、裁判所が民事判決（同意判決を含む）を下す形で行われる。確定民事判決違反に対しては、法廷侮辱罪として、自然人の収監を含めて、重い制裁が科せられる。

さらに、米国では、伝統的に裁判所は判決の命令内容を履行、遵守させるための手厚い管理監督を行う。

代表的なのは、特許権の強制実施許諾命令であり、裁判所は詳細な適正実施料の決定手続まで関与する。さらに、音楽著作権集中管理団体の著作権料徴収

---

*71　米国反トラスト法上特許権の強制実施許諾命令が活用された時期には、対象製品単位で関連特許権についての実施許諾が命じられた。

*72　明確な排除型単独行為については、高額な行政制裁金や刑事罰が違反行為をやめずに継続することに対する制裁として課せられる。

方式等については、音楽著作権集中管理団体の行為に係る過去の同意判決に基づき、現在でも裁判所の認可による管理が行われている。ATT 分割に係る同意判決の履行については、同判決後の一時期、司法省および裁判所が電気通信業界における監督官庁のような役割・機能を果たした。

　他方、EU 競争法では、欧州委員会が開始した事件審査による決定の形で排除措置命令が行われる。EU 競争法上、欧州委員会には、行政制裁金を賦課する権限*73のほかに、前年の売上高の 1 ％ を超えない金額で、履行強制金を賦課する権限がある（規則 01/03 第 23 条 1 項（e)）*74。欧州委員会は、この高額の履行強制金を活用して排除措置の履行を確保している。

　EU 競争法では、競争者育成、新規参入の促進のための相互接続を確保するための情報の開示と提供は、その具体的な内容が明確でない代表的な排除措置命令となる。その場合、排除措置命令としてどこまで履行を求めるかについては排除措置命令に係る確定手続が必要になる。欧州委員会は、履行強制金を活用するなどして競争を回復させるために十分な情報等の開示と提供を行わせようとするが、先端技術分野について十分な専門知識なしには確定手続を進めることができず、この作業は容易なものではない。

3　独占禁止法における法的枠組み

（1）**不活発な積極的行為命令**　　独占禁止法の事後規制では、1980 年代まで不公正な取引方法を中心にその不正競争法的運用がなされた。その結果、排除措置命令としては、専ら、消極的行為命令（禁止命令）が行われた。

　違反行為をやめよ、または違反行為をやめたことを確認せよという中止命令（またはその旨の取締役会決議命令）、同一違反行為をしてはならないという不作為命令、周知徹底命令、報告命令等が命じられた。周知徹底命令では新聞広告の有無等その方法について公取委の同意が必要とされたが、その履行手段はそ

----

　*73　独占禁止法では、課徴金納付命令のほか、3 条違反に対して 5 年以下の懲役または 500 万円以下の罰金を科すことができる（89 条）。刑事罰が科せられる事件は 2 年に 1 件の割合であり、その比重は極めて低い。

　*74　履行強制金について、違反事件の調査のための報告命令の実効性・真実性を確保するためにも用いられる。独占禁止法上は、検査妨害等の罪として 1 年以下の懲役もしくは 300 万円以下の罰金が科せられ（94 条）、事業主に対して 2 億円以下の罰金を科す旨の両罰規定が定められている（95 条 2 項 3 号）。

れほどの重大な事項ではない。

　積極的行為命令は、違反行為類型との関係では、排除型私的独占に該当する排除型単独行為において主として問題となる。

　公取委はこれまで履行確保のために追加の手続が必要になる、積極的行為を命じる積極的行為命令を発出していない。そのため、公取委による手続では、独占禁止法違反の積極的行為命令について、確定命令の履行を確保する手続は整備されていない。

（2）　排除措置命令の履行強制手段の不整備　　日本では行政処分における履行確保手段として刑事罰を規定することが通例である。独占禁止法の排除措置の履行強制手段としてそのまま採用されている*75。

　独占禁止法では、排除措置命令の履行強制手段として、行政罰および刑事罰が規定されている。

　排除措置命令は謄本の送達により執行力を有する。その効果として、確定前の排除措置命令に違反した事業者には、行政罰として50万円以下の過料が課せられる（97条）。行政罰であるため、非訟事件手続法120条に基づき裁判所の判決による過料決定が行われる*76。

　確定した排除措置命令に従わない者には、刑事罰（確定命令違反の罪）として2年以下の懲役もしくは300万円以下の罰金が科せられ（90条3項）またはこれを併科され（92条）、事業主に対して3億円以下の罰金を科す旨の両罰規定が定められている（95条2項2号）*77。

---

*75　独占禁止法違反に対する排除措置命令について、知的財産権の行使が絡む事件では、知的財産権の強制実施許諾命令を発出できること、私的独占事件では企業分割命令も発出できることは理論上明白である。特に、知的財産権の強制実施許諾命令が諸外国の事例からも独占禁止法上最初に発出される積極的行為命令であると評価されてきた。現実に、パチンコ機パテントプール事件は、排除措置として強制実施許諾を命じることが相当な事例であった。

*76　典型例は、独占的状態に対する措置である。同措置については、8条の4第1項で「事業の一部の譲渡その他当該商品又は役務について競争を回復させるために必要な措置を命ずることができる」とされて企業分割を命じることになっている。しかし、競争回復措置命令が確定した後において、これに従わない者に対して、競争回復措置命令違反の罪（90条3号）が規定されているだけである。競争回復措置命令による企業分割の手続は一切規定されておらず、競争回復措置命令はもともと発行されることは想定していなかったと評価される。

*77　東京高決昭和51（1976）年6月24日審決集23巻145頁（丸善石油に対する件）。排除措置命令のうち、新聞掲載広告文案の不遵守に対して5万円に処するとした。唯一の先例である。

　まず、行政罰の現行賦課金額は独占禁止法違反行為に対する排除措置命令の履行確保手段としては明白に不十分である。排除措置命令に対して裁判所がその執行停止の申立てを認めることは、過料決定を阻止するところにある。この過料決定では、比較的内容の明確な排除措置命令についてもそれを履行する動機は働かず、（仮に裁判所による執行停止が認められない場合でも）過料を支払っても違反の有無を争うことになりかねない*78。

　違反事業者が確定排除措置命令を実施していないとして、独占禁止法上の確定命令違反の罪である刑罰規定が発動されることが生じるとは考え難い。現実にも、独占禁止法上、確定排除措置命令の不遵守に対して刑事罰が科せられた事例はない。

　しかも、排除措置命令の履行強制手段は、違反が確定した後における積極的行為命令について問題となることが多く、刑事罰が有効に機能するかは明白でない。

　審判制度のもとでは実質的証拠法則の適用もあって実質的に審判審決が最終判断となりがちであったのに対して、平成 27（2015）年に行政審判が廃止されて大陸法系の行政手続が導入された後は、東京地裁、東京高裁段階の事実審で違反の有無を争うことになり、違反の有無や排除措置内容が確定するまでには長期間を要することになる。したがって、排除措置命令に対して裁判所による執行停止の申し立てが棄却される場合には、公取委は高額の履行強制金を課して履行強制を図るという、EU 競争法と同様の、履行強制金制度の新設が長期的な検討課題となる*79。

　もっとも、排除型私的独占行為については、2019 年改正により課徴金の違反行為期間が調査開始時から 10 年間まで遡れることになったことから、課徴金額が違反行為期間の長期化のため高額化することが、命令内容の不遵守に対する抑止力となる可能性がある*80。

---

*78　このほか、行政法上の履行強制手段として、行政代執行法による行政代執行がある。しかし、独占禁止法違反に対する履行強制手段としてふさわしいとは考えられない。

*79　本章では、公取委による排除措置の履行強制を検討対象としている。ここでの議論は、私人の差止請求権に基づく裁判所の差止命令にも当てはまる。差止命令の履行確保手段として、民事執行法上、代替執行と間接強制が認められている。差止命令として、その履行確保手段が十分であるか否か、積極的行為命令が認められるか否かなどは今後の検討課題である。

*80　令和元年改正により、始期について公取委の調査等を最初に受けた日から最長 10 年間まで

（3）　**これまでの排除型単独行為事件の排除措置**　　排除型私的独占に係る
課徴金（当初違反行為期間は最大3年間）が導入され、課徴金が賦課可能になっ
た後、排除型私的独占に該当するとして排除措置が命じられた事件としては、
日本音楽著作権協会事件とマイナミ空港サービス事件がある。また同時期に排
除型私的独占に該当し得ると評価される事件としてクアルコム（非係争条項）
事件がある。

この当時、積極的行為命令にやや近い抽象的な排除措置が命じられた事件と
して、日本音楽著作権協会事件とセブン-イレブン・ジャパン事件がある。

日本音楽著作権協会事件では、排除措置に対して裁判所による執行停止が認
められた（供託金1億円）。同事件では、排除措置命令時点では、命じられた排
除措置の履行は不可能であり*81、後日排除型私的独占に該当する旨が確定し
終期が到来した時点で、課徴金納付命令が発行されると考えられた。

排除型私的独占に該当するかが審判で係争中に、放送会社が利用した楽曲の
全曲報告が可能になったため、平成27（2015）年9月に、JASRACとイーラン
センスを含む5社合意が締結され、これにより利用割合を反映した放送等使用
料の徴収方法、すなわち排除措置命令が実現した*82。第1期分として平成27
（2015）年4月から平成28（2016）年3月までの分が放送局から報告されて使用
料に反映されることになるため、5社合意により違反行為がなくなった時期は
平成27（2015）年3月末となる。

それに伴い、JASRACからの審判請求取下げを受けて、公取委は平成28
（2016）年9月に特に理由を示さずにその審決を取りやめた。

この結果、当初の排除措置命令が形式上確定した。公取委は、平成27
（2015）年3月から遡って3年間（平成24（2012）年4月から平成27（2015）年3月ま
での期間）のJASRACの放送会社に対する利用許諾料に6％の算定率を乗じ
た金額の課徴金納付を命じなければならないが、公取委は課徴金納付命令を行
わなかった。公取委も当初の排除措置命令はその後の経緯から法的効力を失っ
ていると判断したものと考えられる。この件の行為である包括利用許諾・包括

遡れることになった（2条の2第13項）。したがって、調査開始後も私的独占行為が継続して
　いる場合には私的独占の違反行為期間は10年超となる可能性がある。
*81　公取委排除措置命令平成21（2009）年2月27日審決集55巻712頁。
*82　この事件では、排除措置に対して裁判所による執行停止が認められた（供託金1千万円）。

徴収方式は、明白に排除型私的独占に該当しないものであり、この事件処理は、実質的に妥当なものであるが、その当時の義務的賦課制を採用している課徴金制度という法の建前には反している。

クアルコム事件でも排除措置命令[83]に対して裁判所による執行停止が認められた（供託金1千万円）。最終的に、審判の結果、同事件の行為は独占禁止法に違反しないとされた[84]。

マイナミ空港サービス事件では、独占禁止法上排除措置命令の手続と課徴金納付命令の手続は別手続であるため、排除措置が命じられた後に[85]、マイナミ航空サービスは違反行為をやめて終期が到来したとして、排除措置命令の後に課徴金納付が命じられた[86]。排除措置命令と課徴金納付命令が東京地裁および東京高裁で争われて同事件の行為は排除型私的独占に該当する旨の判決が行われている[87]。

なお、セブン–イレブン・ジャパン事件では、その排除措置命令は抽象的な内容であった[88]が、排除措置命令時点（平成21（2009）年6月）で公取委と違反事業者であるセブン–イレブンとの間で具体的な履行方法について合意が成立する見通しであり、かつ同年8月にその合意が成立したため、この事件処理に問題は生じなかった。

このように、独占禁止法の排除型単独行為事件では、独占禁止法上排除措置命令の手続と課徴金納付命令の手続は別手続であることも手伝い、課徴金納付命令は排除措置命令よりも遅れて下されている。裁判所による排除措置命令に対する執行停止が認められる傾向がある。もっとも、未だ課徴金を伴う排除型単独行為に係る事件数は少なく、これらの実務が固まったとまではいえない。

（4）　独占禁止法における排除措置に係る長期的課題　　現時点では、日本の独占禁止法において最大の課題は、行政制裁金制度を導入し、自由競争減殺型の不公正な取引方法を廃止することにより、国際標準の競争法制の基本的枠

---

*83　公取委排除措置命令平成21（2009）年9月28日審決集56巻第2分冊65頁。
*84　公取委審判審決平成31（2019）年3月13日審決集65巻第1分冊263頁。
*85　公取委排除措置命令令和2（2020）年7月7日審決集67巻373頁。
*86　公取委課徴金納付命令令和3（2021）年2月19日審決集67巻396頁。
*87　東京地判令和4（2022）年2月10日審決集68巻75頁。
*88　公取委排除措置命令平成21（2009）年6月22日審決集56巻第2分冊6頁。

組みを確立することである。これは、誤った基本法制を正すものであって、独占禁止法にとって緊急の課題である。

　先端技術分野における独占企業に対する積極的行為命令の発行とその履行確保は、公取委がどこまでの米国競争当局や欧州委員会と同等の能力を有する競争当局となり、独占禁止法が日本の経済社会においてどこまでの役割を果たすべきかという基本的な議論とも密接に関連する*89。

　このように考えていくと、公取委が積極的行為を含む排除措置を命じてその履行に積極的に関与することやさらには裁判所が確定判決について非訟事件訴訟手続等によって判決の履行に責任をもつこと、すなわち、公取委や日本の裁判所が積極的行為命令の実効性を確保するための体制の構築は、国際標準の競争法制を確立した後における長期的課題となるのであろう。

---

*89　日本では、デジタル関連事件やプラットフォーム事業者の行為について、確約手続の導入後、確約手続を活用する方が、競争状態を早期に実現するために望ましいと主張された。同様に、相手方に自発的改善措置をとらせて審査を終了する手法が有効であると主張された。

　　この問題は、基本的に、排除措置命令の履行確保と同様の問題である。事後規制であれ、事前規制であれ、競争当局と相手方事業者との間で履行すべき命令内容に合意できない場合には、相手方事業者に有効な措置をとらせることはできず、措置命令は実現しないため競争状態を回復することはできない。この点は、確約手続でも、相手方に自発的改善措置をとらせて審査を終了する手法でも、同様である。したがって、これまでの経緯が示すように、デジタル分野や先端技術分野の独占企業による単独行為規制について、事前規制が有効であるということは誤りである。最先端技術分野における独占企業に対する単独行為規制についても、独占禁止法上は本来排除型私的独占を適用していくべきであった。

第**8**章

個人的な取組み

I 過去40年間──職業生活の総括

1 職業生活

そろそろ75歳が近づき一生の総括をすべき時期にきている。

独占禁止法の研究者としての職業生活を振り返ると大きな決断は2回である。

第1回は、1981年に32歳で、公取委事務局への入局を決定し、法律家として独占禁止法・競争法を専門とすることを決めたことである。

第2回は、2003年に54歳で、学者として、独占禁止法改革に専念して、独占禁止法を国際標準の競争法制にすることを最大の目標としたことである。

年齢を重ねることのメリットであるが、70歳半ばになって、過去の出来事も新たな視点から見直すことができるようになった。

ただし、逆に単に記憶がなくなっていることに起因するものであるが、自分のことであっても、過去のことについて正確に把握することが難しくなってきており、過大評価、過小評価、単純化するおそれが生じている。過去に書いたものを読んで改めて点検するたびに、本当に書いておいてよかったと実感する次第である。

独占禁止法改革については、54歳以前に、同様の取組みを行ったとしても成果をあげることができたとは思えず、決断の時期としては正しい選択であった。

主観的には54歳を境として、それまでは国際的な競争法の研究を、それ以後は独占禁止法の改革をと二分したくなるのであるが、実際には40歳代にお

いても国内で独占禁止法の分野でも結構活躍していたし、63歳までは米国反トラスト法・EU競争法の最新動向についても海外調査を行っていた。

2　独占禁止法、競争法を専門に

(1)　5年間の弁護士時代　1975年4月に25歳で弁護士生活を開始して初めて日本の独占禁止法を学び始めた。

独占禁止法の歴史上は、1977年大改正を終えて、1982年の不公正な取引方法の一般指定の改定が行われた時期である。まさしく、旧基本体系の完成時かつ全盛期である。

渡米前の弁護士としての5年間で一応独占禁止法の専門家として認められていた。今と異なりその当時は独占禁止法を専門としたいと考える弁護士の数は少なかった。それが若くして専門家と評価された最大の要因である。

独占禁止法を専門とした理由は次の2つである。

第1に、事務所での事件を処理するという業務上の必要である。

所属した事務所では、大企業を顧客としていたことから、中部読売新聞社事件、メーカーのカルテル事件など独占禁止法違反事件を多数抱えていた。事務所としては、専門性の観点から独占禁止法違反事件については藤堂裕弁護士の協力を得ていた。それら事件を担当して事件記録を読むうちに独占禁止法に関心を持つようになった。

第2に、毎週月曜日の東京大学商法判例研究会に参加を認められていたが、矢沢淳教授から独占禁止法はむしろ実務家が担当したほうがよいとの理由で、この研究会で独占禁止法違反事件の判例を割り当てられたことである。

この時期には、弁護士として一生独占禁止法を専門にやっていく意思・自信は持っていなかった。その当時は、カルテル、再販売価格維持についてもルールの実効性が乏しく、そのため独占禁止法の将来性に疑念を持っていた。

また、その当時は、民商事法一般の弁護士であったし、専門家としても名誉棄損関係の専門家として評価されていた。

しかし、この時期に一応独占禁止法の専門家として評価されていたことやそこで形成された人脈はその後の人生設計において大きく役に立った。

私は将来の進路を決定するため、渡米期間中の1981年10月から2か月間、

日本に一時帰国した。その際に、帰国後の 1983 年に 34 歳で公取委事務局へ入局することを決定した。

　ミシガン大学ロースクールにおいて秋学期と冬学期に米国反トラスト法の講義を受講した。ニューヨークのサリバン・クロムウェル法律事務所において米国反トラスト法に係る訴訟実務を学んだ。それにより、米国反トラスト法でどのようにルールが形成されて、いかに執行されるのかを理解できた。米国反トラスト法のルールが実効性を有する理由も理解できた。

　最大の疑問は、米国反トラスト法を受け継いだ日本の独占禁止法がどうしてその当時のような日本独自の独占禁止法になってしまったのかである。その原因と経過を突き止めたいと考えたのが入局する最大の理由である。

　同時に、渉外弁護士として活躍すること、早期に学者になる道（学者のポストを得ること）を選択することを断念した。

　苦労して英語を学んだこともあって、弁護士に戻る場合に渉外弁護士事務所に入所することを決めていた。その当時は外国帰りの弁護士には大きな需要があり、当事務所に入る旨の誓約書にサインしてもらえれば、海外勤務事務所は手当するので好きなだけ欧米に滞在してもよいという申し出を受けたほどである。

　若い弁護士時代から、老後は半分弁護士、半分学者という生活を送ることが夢であった。東大で博士号を取得することが学者となる一番確実な道であると理解していたため、東大の 1981 年大学院入学試験にも合格し指導教官も決まっていた。その点から、日米の寡占規制論の展開を分析した、村上政博『アメリカ独占禁止法——シカゴ学派の勝利』（有斐閣・1987 年）は、修士・博士論文として準備したものであった。

（2）　40 歳での学者への転身　　1990 年 4 月に 40 歳で学者へ転身した。結果的は大成功であったといえるのであろう。この当時でも遅すぎるといわれたように、学者として業績を上げるためには、年齢的に 40 歳が限界であろう。

　横浜国立大学、成蹊大学、筑波大学から声がかかったが、結局一番先に採用決定してくれた横浜国立大学に就職した。

　学者に転身後、欧州委員会競争総局の 1 年半滞在できたことと、6 年間の海外武者修行の機会を得られたことがその後の学者生活にとって大きく役立った。

　競争法学者としてのピークは、武者修行の6年間、とりわけ50歳前後である。

　武者修行時代の海外での調査研究生活は、研究一筋である一面、海外主要都市での街歩き観光地巡りなど私の趣味とも合致し極めて楽しいものであった。

　この時期の時代思潮が私の現在の主張に大きな影響を与えたことも否めない。この当時、すなわち2000年前後に、国際的に活躍していた競争法の研究者・実務家は、競争法を国際的な共通事業活動ルールにするという1つの夢を共有していた。

　それは、競争法が北大西洋経済圏を中心とする自由主義経済体制の諸国の間だけでなく、中国やインドを含む東アジア市場を含む全世界の共通ルールとなることである。これが中国における包括競争法の法制支援がやりがいがあると感じた理由である。現在のような米国と中国の覇権争いにより市場が分断されることは想像すらできなかった。

　極めて独自の競争法制である独占禁止法制を国際標準の競争法制にすることが自己の使命であると信じるに至る原因ともなった。

　なお、先に記したように、40歳代には、海外を回るという時間的な制約のなかで、日本の独占禁止法において差止請求権の創設などで結構活躍している。逆に、独占禁止法改革に専念すると決めた後の一橋大学時代でも、退官までは米国反トラスト法、EU競争法の最新動向も追跡している。

　もっとも、実体法の見直しが進むことにより新基本体系が最終的に受け入れられてきたのは70歳代になってからである。70歳になってようやく自己の夢、志が実現する可能性が出てきた。ここまでくると、たとえ80歳において志半ばで人生を終えるとしても私の設定した最終目標は確実に理解してもらえるであろう。

II　独占禁止法改革への歩み──20年間を振り返って

1　基本的な視点

（1）　**この20年間の取組み**　　最近20年間の歩みについて、一橋大学教授時代、森・濱田松本法律事務所客員弁護士時代、TMI総合法律事務所客員

弁護士時代の 3 期に分けて解説したい。過去の出来事について評価は年齢と共に微妙に変化している。長生きすることの恩恵・意義とポゼティヴにとらえている。

（2）　人生の 1 つの転機　　50 歳前後には、『独占禁止法の新たな地平——国際標準の競争法制へ』（弘文堂・2019 年）（以下、「村上・独占禁止法の新たな地平」という）に記したように、世界でも有数の競争法学者であったと自負している。

2003 年から「国際標準の競争法に」、「国際標準の競争法制に」と題して独占禁止法改革に本格的に取り組んだ。

大義名分は、日本の独占禁止法を国際標準の競争法にし、さらには競争法を国際的共通事業活動ルールにするために貢献することである。

50 歳代前半における 4 大目標は、第 1 に、企業結合規制を国際標準の事前規制に、第 2 に、行政審判の廃止、第 3 に、課徴金制度を行政制裁金制度に、第 4 に、不公正な取引方法を日本固有の規制に、である。このように、当初から課徴金制度を上限金額方式の行政制裁金制度とし、不公正な取引方法の解体まで実現するつもりであった。

この最終目標、ひいては競争法はこういう学問であるという考え方は、私が、30 歳代、40 歳代に学び、修得したものである。40 歳代を中心に、文字どおり世界を股にかけて活動していた時期に学んだものである。

それだけその目標の正しさには自信があった。いかなることがあっても、実現まで妥協せずに主張し続けようと決意した。

（3）　支払ったコストと背負ったリスク　　最終目標としての 4 大目標を設定したことに伴い、代わりに研究活動の一部の継続を諦め、同時に一定のリスクを背負った。

支払った犠牲は、時間配分の点から、第 1 に、欧米の競争法の研究活動を従前どおり続けること、第 2 に、国際経済法の研究活動を続けることを、事実上やめざるを得ないまたは縮小せざるを得ないことであった。

米国反トラスト法、EU 競争法を中心に研究を続けていくことには、限界があった。海外の関係者と外国法の論点について意見交換や討論ができても、直接その国の実務や法改正等に影響を及ぼすことはできない。このことは、外国

法を研究する研究者一般について当てはまる。外国法を専門とする研究者に共通の欲求不満である。それならば、日本人法学者としては独占禁止法の改革に貢献することの方が本来の責務でないかと考えた。この辺は、各国固有の言語を使用する法学という学問にも絡む問題である。

また、国際経済法は競争法と関係の深い学問であって個人的にも興味があったうえ、最初に専門家として認められた学問であったため、時間配分上やむを得ないことはいえ、心情的には残念であった。

4大目標である抜本的変革を実現するまでには法律改正を1つずつ進めていかざるを得ない。当然に実現するまで何十年という時間がかかることを覚悟せざるを得なかった。この時点で、実質的な引退の時期を80歳（2029年）と想定していた。

経済法、競争法の世界では、パラダイム的と評価される政策的大転換が生じることはあり得る。現実に1970年代以降のハーバード学派からシカゴ学派へという大きな政策転換を個人的に体験した。これは、公共経済学、産業組織論における理論的、実証的研究を含む大きな政策転換であった。

このように、「ハーバード学派からシカゴ学派へ」といわれる政策転換に匹敵するような事態が生じることはあり得る。最終目標が実現するまでの間にパラダイム的な大転換が生じる場合には、自分には運がなかったと諦めるより仕方がないと覚悟していた。

日本でも実例がある。1950〜1960年代には寡占規制を軸とするハーバード学派が、米国反トラスト法のみならず、世界の競争法において支配的な学説であった。日本でハーバード学派の考え方を本格的に主張したのは実方謙二教授であった。その後シカゴ学派の勝利により学問的な影響力を失うことになった。それを同じ事態が自分にも生じることはあり得ると覚悟したわけである。

2　2003年10月から2013年3月──一橋大学教授の時期

(1)　一橋大学時代の総括　　この期間は、大きな進展もあった一方で、抵抗勢力からの抵抗による後退もあり、一進一退の状況が続いた。もっとも自己の主張に対する抵抗の強さは覚悟していた。万難を排して自己の主張を通そうという覚悟を再確認しながら進めることになった。

　この期間には、海外競争法の調査、研究も継続しており、自己の主張内容の正しさを再確認しながら論陣を張っていた。

　(2)　2003 年当初から恵まれた立場を得た　　独占禁止法改革に本格的に関与したのは、2003 年 10 月からであった。幸いなことに、この時期から独占禁止法改正に直接関与できる立場につくことができた。

　まず、竹島一彦氏が公取委委員長、上杉秋則氏が事務総長に就任し、初めて公取委内部から独占禁止法を国際標準的なものにしようとする動きが生まれたことである。すなわち、公取委主導で、2005 年改正に向けての動きが開始されていた。

　次いで、自己の年齢的なものがあり、50 歳代に入って、社会的に活動することが期待されるような年齢になっていた。

　現在から振り返っても、自己の主張実現に特に大きく役立ったのは、①2004 年に独占禁止懇話会会員に就任したことと、②2005 年に内閣府独占禁止法基本問題懇談会の委員に就任したことであった。

　独占禁止懇話会会員は竹島委員長の抜擢によって実現した。3 年任期で 5 期 15 年間会員を務めた。積極的に意見を述べて自己の主張を公取委の政策に直接反映するように努めるとともに、公取委の活動や実務を効率的に学ぶことができた。

　内閣府独占禁止法基本問題懇談会委員に就任するに当たっては、経済界等の推薦とともに、弁護士時代からの知り合いであった当時の杉浦正健官房副長官の推薦が大きく働いた。

　内閣府独占禁止法基本問題懇談会に、独占禁止法学者として、金子晃、根岸哲教授と共に委員に選ばれたことは社会的にこの分野の有力学者として認められたことを意味し、その後の活動を考えるとその意義は大きかった。

　2007 年 6 月の内閣府独占禁止法基本問題懇談会では結果的には全面敗北したが、同懇談会では現在に至る手続法上の論点がすべて論じられた。そこで議論した内容はその後の活動に大きく役立った。

　(3)　苦難の時期　　（ア）　手続法の課題　　内閣府独占禁止法基本問題懇談会は 2005 年〜2007 年の 2 年間にわたり、独占禁止法の金子、根岸教授のほか、塩野宏教授（座長）、宇賀克也教授、西田典之教授など行政法、刑事法の

有力教授で構成された懇談会であった。

　独占禁止法基本問題懇談会報告書（平成 19（2007）年）の結論は、①審判手続については事前審判制に戻せ、②裁量型課徴金制度導入の主張は時期尚早であり取り下げるべきである、③防御権の保障は他の手続とのバランスから現行のままでよい、である。票割から覚悟していたこととはいえ、私にとっては内容的には全面敗北であった。

　この 2007 年 6 月時点で、将来の見通しは全く立たない状況に陥ったといわざるを得なかった。特に行政審判を維持することはその後の改革の全面的な断念につながりかねない事態であった。

　2007 年 6 月以降は、行政審判の廃止、裁量型課徴金の実現、カルテル調査における防御権の保障に向けて、順番に失地回復していくプロセスであった。

　今日からみて、独占禁止法基本問題懇談会報告書の価値は、2009 年改正につながり、課徴金対象行為についてカルテルから排除型私的独占等に大幅に拡大したことにあった。

　（イ）　実体法の課題　　その当時、実体法についての解釈についても、大きな課題を抱えていた。

　まず、東芝ケミカル事件東京高裁判決（平成 7（1995）年 9 月 25 日）は、不当な取引制限の相互拘束について完全に誤った判決であり、同判決を覆すことが必要であった。

　2 番目の課題は、排除型私的独占の排除行為と競争の実質的制限について、東日本電信電話会社事件最高裁判決（平成 22（2010）年 12 月 17 日）の排除行為と競争の実質的制限の定義を判例変更により変えることである。

　一橋大学退官時には実体法の課題が進まないことが悩みの種であって、自分の夢の実現までには時間がかかる、おそらく実現は 80 歳を過ぎると覚悟していた。

　（4）　海外調査中心とする個人的な取組み　　（ア）　調査研究活動　　村上・独占禁止法の新たな地平で記した 6 年間の武者修行後も、一橋大学退官時（63 歳まで）は、相変わらず、米国、EU の競争当局を中心に外国競争当局を訪問、滞在して、外国競争法の最新動向を調査研究していた。

　（イ）　文部科学省の科研費による海外調査　　新興国における競争法（競

争法制）を調査するとの名目で、2005 年 9 月に、ブリュッセル（欧州委員会競争
総局を意味する）、ワシントン・D・C（以下、W・D・C という、米国競争当局を意
味する）、ブラジル競争当局（ブラジリア）、メキシコ競争当局（メキシコシティ）
を訪問し、2007 年 2 月にタイ競争当局とベトナム競争当局を訪問し、2008 年
1 月にインドネシア競争当局、シンガポール競争当局、台湾競争当局を訪問し
た。

　競争法の制定過程を中心に研究したが、その研究成果の一部は『独占禁止法
における判審決分析の役割』（商事法務・2009 年）の「第 22 章　アジアの競争
法」に取りまとめた。

　この際には、タイ競争法制定の最高責任者から、制定時に競争法と不正競争
法とを分けて制定するか否かを迷った旨聞かされ、その評価を問われた。私は、
差止請求・損害賠償請求という司法救済が必ずしも有効に機能しない新興国で
は、不正競争法違反について競争法違反と分けて禁止行為として規定すること
には特段問題はないと回答した。独占禁止法の不公正な取引方法は競争法違反
と混同しているところに欠陥がある。

　　（ウ）　経団連の欧州調査委員会報告書　　2007 年 9 月に経団連の欧州調
査委員会の主査として、大陸法系の行政制裁金と刑事罰との関係、行政調査に
おける防御権の保障などの実態を調査するため、ブリュッセル、ドイツ競争当
局、フランス競争当局、イギリス競争当局を訪問し、実態調査報告書を取りま
とめた。

　長期的には独占禁止法の行政調査について、事情聴取への弁護士立会や弁護
士顧客間の秘匿特権を認めていくべきという確信を持たせるものであった。

　　（エ）　2011 年前期のサバティカルにおける海外調査　　（2006 年前期と
2011 年前期にサバティカルを取得した。2006 年前期サバティカルについては、独占禁
止法基本問題懇談会委員、専攻長を務めている時期であり、まとまった研究はできなか
った。）

　企業結合規制の事後届出制のもとで、独占禁止法の企業結合審査手続は
2011 年に届出後、審査制に移行した。この手続は、その当時世界的にも最も
優れたものと評価されていた、EU 競争法の事前審査手続を採用したものであ
る。

　欧州に滞在した、2011年前期のサバティカルにおいては、研究テーマを、第1に、EU競争法上の企業結合規制の研究、第2に、優越的地位の濫用規制のルーツ探しに集中することにした。その成果は、2013年の退官記念論文集である村上・国際標準の競争法へに取りまとめた。

　EU競争法の企業結合規制の研究については、EU競争法上の企業結合規制について、①企業結合ガイドライン、②企業結合審査手続、③主要事件決定を集中的に研究した。この成果をまとめたものが、村上・国際標準の競争法へ「第10章 企業結合審査手続の見直し」、「第11章 企業結合規制の実体ルールと企業結合ガイドライン」である。この枠組みのもとで、日本でも将来的に国際標準の企業結合規制が実現することを確信した。

　主要企業結合事例に係る欧州委員会決定は、企業結合規制の事件処理における到達点・あるべき姿を示すものである。各国競争当局において、最も参考にされている。ただし、その当時主要な企業結合事例についての欧州委員会決定を読み込んだが、その成果を論文に取りまとめる余力はなかった。

　次いで、優越的地位の濫用のルーツ探しに関しては、理念上最も類似した規制は、ドイツ競争法の経済的従属関係の濫用の禁止であるというのが一応の結論である。村上・国際標準の競争法への「第12章　優越的地位の濫用の禁止」に取りまとめたとおりである。ただし、ドイツ競争法についても、日本の独占禁止法に対するのと同様に、国際標準の競争法制に合致させるべきであるという圧力を受けるはずであり、さらにEUにおける統一競争法であるEU競争法との整合性を確保する必要があることから、経済的従属関係の濫用の禁止が、ドイツ競争法において確固たる大きな規制分野となるのかについては現実の法執行をみざるを得ないと評価していた。経済的従属関係の濫用の禁止はドイツ競争法とフランス競争法上の法制であり、ドイツ語、フランス語の能力不足のため、個別事例について十分な研究は行えなかった。

　（オ）　文部科学省文化庁研究会における海外調査　　音楽著作権集中管理団体についての文化庁研究会の主査を3年間務め、毎年「諸外国の著作権の集中管理と競争政策に関する調査研究報告書」を取りまとめた。この研究会では、2010年と2011年に2回海外調査を実施した。このうち、2回目の海外調査として、2011年9月に、米国および英国における音楽著作権制度等の調査のた

め、W・D・C、ニューヨーク、ロンドンを訪問し、音楽著作権集中管理団体やその規制当局などを訪問した。この結果、日本音楽著作権協会事件の行為は独占禁止法に違反しないという確信を得た。

　（カ）　21世紀政策研究所研究会における海外調査　　21世紀政策研究所研究主幹としてEU競争法と米国反トラスト法の現状を調査するため、2012年9月に、ブリュッセル、W・D・C、ニューヨークを訪問した。

　この研究会では、防御権の保障、裁量型課徴金制度、実体法改革・基本体系、国際カルテルと域外適用という4つの課題について報告書に取りまとめた[*1]。2013年2月には21世紀政策研究所主催のシンポジウム「グローバル化を踏まえた我が国競争法の課題」を開催した。

　経団連としては、防御権の保障、国際カルテルと域外適用については問題ないが、裁量型課徴金制度、実体法改革・基本体系については経済界の意見とも異なっていることから内部的に異論もあったようであるが、阿部泰久常務理事（当時）の決断もあって、その当時こういう議論もあったということで残そうということになり、そのまま研究内容を報告書に記載できた。

　この報告書は、内閣府独占禁止法審査手続についての懇談会でも配布させてもらったし、裁量型課徴金と抜本的な防御権の保障の実現を見合いにするという結論を導くのにも役立ったと自負している。また、経済界の報告書でも裁量型課徴金の議論をしているということで、公取委が2016年から課徴金制度の法改正を行うことの応援にもなった旨後日聞かされている。

　（5）　**総合的に見た場合の大きな進展**　　この期間の大きな進展は、以下の3つとなる。

　第1に、課徴金減免制度の導入によるカルテル規制（カルテルの禁止）の実効性の確保が実現したことである。2005年改正（2006年1月施行）による課徴金減免制度の採用により日本において初めてカルテル規制の実効性が確保された。

　第2に、2009年改正により、企業結合規制の事前届出制度および2011年に事前相談制からの届出後審査制への移行が実現し、国際標準の企業結合規制の枠組みが完成したことである。基本体系との関連で、企業結合規制を事後規制

---

*1　村上政博「現在における独占禁止法に関する主要な課題(上)(中)(下)」国際商事法務41巻5号649頁・6号855頁・7号1007頁（2013年）。これが同報告書の内容となる。

から切り離すことが実現したことになる。

　新たな枠組みのもとで、①企業結合ガイドイン、②企業結合審査手続、③個別事例処理ともに、将来的に EU 競争法上の企業結合規制、すなわち国際標準の企業結合規制となることが保障された。

　第3に、2010 年に、行政審判廃止の改正法案の国会提出まで漕ぎつけたことが、私個人にとっては、最大の成果となる。長期的に事前審判に戻せという内閣府独占禁止法基本問題懇談会の結論を覆すことが実現した。さらに行政審判廃止には学会や公取委 OB の反対も強かったため、行政審判の廃止の法案までに漕ぎつけることが一番大変であった。この件では、自民党、民主党の政治家やその他関係者への説明や説得も自ら行った。

　その後、行政審判廃止の改正法は最終的に 2013 年に成立したが、2010 年提出の改正法案は 3 年間棚ざらしとなり、一時廃案となるなど、2012 年までは行政審判廃止が実現するかが不透明な状況となっていた。

　ましてや、裁量型課徴金制度・行政制裁金制度の実現および行為類型ごとの単一ルールと自由競争減殺型の不公正な取引方法の廃止への確固たる見通しはついていなかった。

3　2013 年 4 月から 2019 年 12 月──MHM 時代の約 7 年間

(1)　基本的に順調にいった時期　　(ア)　杉本和行委員長時代の成果

杉本委員長時代の成果は、第 1 に、行政審判を廃止する 2013 年改正を受けて2015 年に独占禁止法の行政手続を大陸法系の行政手続にしたこと、第 2 に、2019 年改正により、課徴金制度の法的性格を行政上の制裁と位置付けたことである。

　いずれも国際標準の競争法制に向けて極めて価値のある法改正である。

　問題点は、その後半において、独占禁止法の執行について、優越的地位の濫用の禁止の適用範囲を拡大し、その比重を過度に高めたことと、違反当事者との話し合い・協調による事件処理を過度に重視したことである。

　　(イ)　2015 年の行政審判廃止による大陸法系の行政手続に　　2013 年 10 月に行政審判廃止の改正法案が成立し、2015 年 7 月に改正法施行により行政審判廃止が実現した。これにより、独占禁止法の行政手続は、独占禁止法制定

以来続いた行政審判がなくなり完全に大陸法系の行政手続となった。

　大陸法系の行政手続としての枠組みのなかで、その在り方・実務が確定するまでには時間がかかるが、最終的に妥当な実務・手続が保障される。

　（ウ）　2019年改正により課徴金を行政上の制裁に　　課徴金制度の法的性格を明確に行政上の制裁と位置付ける改正法が、2016年2月独占禁止法研究会設置、2017年4月独占禁止法研究会報告書の公表を経て、2019月6月に成立し、2020年12月に施行された。

　公取委は、義務的課徴金でないと執行できないとして裁量型課徴金導入に消極的であったが、2014年に内閣府独占禁止法審査手続についての懇談会において裁量型課徴金を導入したい旨正式に表明し積極的な方向に方針転換した。

　私は、独占禁止法研究会の委員を務めたが、2016年秋には今回の改正による課徴金制度は中間段階のものであり、最終的には行政制裁金制度を導入するべきことを報告書に記載してもらうことに全力を尽くした。2017年4月独占禁止法研究会報告書にはかなりその点を書き込んでもらえた。その点から、2019年改正後の課徴金制度は行政制裁金制度の導入に直接つながるものである。

　この研究会において、裁量型課徴金、行政制裁金制度の細目の詰めが甘かったことを実感した。この反省が、次の改正事項である行政制裁金制度の制度設計に活かされている。

　改正法における欠陥は公取委の責任というよりも裁量性の導入に反対した法制局の責任というべきものであろう。とはいえ、課徴金の法的性格について不当利得の剥奪とする意見も強かったなかで、明確に行政上の制裁にするという大きな成果をあげたことは事実である。

　（2）　判例法の形成　　（ア）　判例法形成への取組み　　この期間において、企業結合規制の実務は国際標準の実務に向けて順調に進んだ。単独行為規制および共同行為規制について行為類型ごとの単一ルールに向けての判例法の形成も順調に進んだ。

　その成果は、村上・『独占禁止法の新たな地平』に記載してあるとおりである。

　あるべき判例法の形成を目指して個人的に大きく労力をかけて論陣を張った事件は、ブラウン管国際カルテル事件、日本音楽著作権協会事件、土佐あき農

業協同組合事件である。私が個人的に目指した達成目標と対比すると、その実現度において大きく異なる結末となった。

　（イ）　ブラウン管国際カルテル事件最高裁判決と域外適用のルールの確立
　ブラウン管国際カルテル事件は、独占禁止法の域外適用に係るルールを確立した。

　ブラウン管国際カルテル事件審判審決、同事件東京高裁判決（平成28（2016）年）、同事件最高裁判決（平成29（2017）年）は、独占禁止法の域外適用のルールについて、管轄権原則として効果主義を適用したのと同様の、国際標準の域外適用のルールを判例法として一気に確立した。

　同事件最高裁判決は、私にとって最も好ましいものであり、結果的に域外適用に係る妥当な判例法が成立した。その意味で判例法の威力が十分に発揮された事件となる。

　（ウ）　日本音楽著作権協会事件取下げによる期待外れの終了　日本音楽著作権協会事件最高裁判決（令和4（2022）年10月24日）により審判手続の再開、イーライセンスの審判参加が実現し、差し戻し後の同事件判決による排除型私的独占の要件の解釈が変更されるという期待が高まっていた。それだけに、日本音楽著作権協会の審判請求の取下げによる終了は、この件が完全に期待外れの結末で終わったことを意味する。

　（エ）　土佐あき農業協同組合事件　土佐あき農業協同組合事件東京高裁判決（令和元（2019）年11月29日）は、大きな議論を呼ぶこともなく下された。同事件判決は完全に誤ったものであり、それ以降土佐あき農業協同組合事件東京高裁判決を覆すことが、新たな目的となった。

（3）　逆風の時代　杉本委員長時代の後半から5年間ほど、デジタル経済への対応を名目に、私の基本構想にとって逆風となる公取委の法運用が行われた。

　具体的には、いわゆる優越的地位の濫用規制の濫用、確約計画の認定や相手方から改善措置の報告を受けて事件審査を終了するという事件処理という簡易な事件処理手続の選好、政策提言の過度の重視である。

　行政調査を開始する事件自体が大幅に減少したうえ、独占禁止法違反として排除措置を命じる事件数も大幅に減少し、判例法の形成が停滞することになっ

た。独占禁止法では、かねてから指摘してきたように、判例法の形成を進めると、二重規制構造のもとでの行為類型ごとの単一ルールが確立し、ひいては自由競争減殺型の不公正な取引方法の不要なことが明確になる。判例法として、行為類型ごとの単一ルールが確立することは自由競争減殺型の不公正な取引方法の廃止に直接つながる。したがって、この期間の法運用の最大の弊害は、このプロセスを遅らせたことにある。

（4）　**個人的な生活**　　この期間の生活については、独占禁止法の新たな地平でも書いたように、恵まれた研究、学者生活であった。

ただし、研究・執筆活動、森・濱田松本法律事務所客員弁護士、日本曹達非常勤監査役、成蹊大学法科大学院客員教授、審議会委員等の社会的活動と、とにかく多忙を極めた。体力的にもたなくなったため、審議会委員等については、70 歳をめどにすべて退任することを目標にしたうえ、順次勇退することにした。

一橋大学教授の最後の 5 年間とこの時期の 7 年間の合計 12 年間（2007 年から 2019 年まで）、8 月にロンドンで研究執筆生活を送った。この時期からは、海外競争法の研究は、現地でのヒアリングによる調査研究から文献による調査研究に移行している。やはり、海外での会議等に参加するにとどまらず、海外を回って本格的な調査研究活動を実施するのは年齢的に 60 歳代前半までなのであろう。

4　2020 年 1 月以降の生活──TMI 総合法律事務所客員弁護士

（1）　**独占禁止法研究者としての活動**　　2019 年改正法の 2020 年 12 月施行を受けて、その効果を分析する作業が、2021 年末まで続いた。2022 年からは、次回改正課題について、関連論文の執筆および研究会等で報告することが主たる仕事となっている。もちろん、新たな排除措置命令や判決等について必要に応じて解説する仕事が加わっている。

（2）　**社会的活動の終焉**　　公的な組織の長は 75 歳が引退の年齢となる。

神奈川県県立病院機構本部・契約監視委員会委員長などを順次勇退した。

電力広域的運営推進機関の評議員は、2015 年 4 月から 2 年任期で、2023 年 4 月から 5 期目（2023 年 4 月〜2025 年 3 月）を迎えている。

　このほか、大手医薬品卸売業者による入札談合事件により中断していた、日本医薬品卸売業連合会の活動を再開させるため、2000 年 1 月から同連合会正副会長会議および理事会に立ち会う仕事を引き受けている。

　（3）　80 歳までの執筆体制の構築　　70 歳の古希記念行事を検討している当時は、80 歳までの研究生活や研究執筆体制を構築することが目標であった。この時期には、大部分の同世代の者は現役を引退していた。

　70 歳到達後においても、現在まで、理想的な学者生活や執筆活動を続けることができている。この点については、2020 年 1 月以降 TMI 総合法律事務所の客員弁護士として迎えられて様々な便宜供与を受けたことのお陰である。代表弁護士である田中克郎弁護士等に改めて感謝を申し上げたい。

　そのほかにも、成蹊大学法学部の非常勤講師として 2022 年度まで経済法を教え、2021 年 4 月から昭和女子大学客員教授を務めている。

5　これまでの総括

　（1）　総括──50 歳代における決断との関係　　退官記念論文集である村上・国際標準の競争法へを執筆していた当時は、70 歳末までに最終的制度設計まで書き進めて、自分が何を目標にしたのかを明らかにできることで十分であり、それらが現実に実現するのは 80 歳になって（おそらくは引退して）からであると予想していた。

　現時点から振り返ってみて、50 歳代前半の選択は、結果論として大正解であった。幸運なことにも、これまでのところ、ハーバード学派からシカゴ学派へというような競争政策のパラダイム的大転換は生じていない。

　何よりも、50 歳代の決断なしに、国際標準の企業結合規制の実現、行政審判の廃止、課徴金制度の行政上の制裁への移行など、さらに課徴金制度の行政制裁金制度への移行、不公正な取引方法の再構築など、これだけ自説を主張し尽した、それが実現したという達成感を味わうことはできなかった。さらに、社会的にも様々な面で現在のような待遇、処遇を受けることができたとは思えない。

　（2）　結果的に避けて通ってきたテーマ　　（ア）　回避したテーマ　　このように書くと、計画したことはすべてに取り組み、成果をあげたように聞こえ

るが、私にとってこの30年間を振り返ってみて、意図的に外してきたわけではないが、本格的に執筆することを避けてきたテーマ、研究課題がある。電気通信分野、電力、デジタル分野に関連した研究課題である。懸案事項であるとは認識していたにもかかわらず、論文執筆を見送り、明確な提言・主張を控えてきた。

　より広くいうと、金融、エネルギー、運輸、電気通信という規制産業と先端技術絡みの政策提言である。

　電気通信分野、電力分野、デジタル分野は、確かに重要かつ面白い分野であり、しかも自分にそれら分野に取り組むだけの十分な機会は与えられた。しかし、いずれも先端技術が絡んでいて、自分がそれらの技術内容を正確に理解しているとも思えなかった。将来を正確に予測することができるとも考えられなかった。文系の学者よりは理科系の若い学者などが取り組むべき課題であろう。

　その意味で、自分の残りの時間は他の方面に振り向けるべきと考えたのだが、この決断は正しかったと思っている。

　（イ）　電気通信分野　　40歳で学者になった横浜国立大学教授当時から、その当時電気通信分野における自由化の動きが進んだこと、さらにはNTT分割問題等も生じたことから、旧郵政省関係者を中心に電気通信分野の専門家の一人となれるように、専門的な電気通信技術を教えてもらい、様々な電気通信、放送分野の研究会等に参加させてもらった。

　KDDからは国際海底ケーブルシステムの見学、NTTから光ファイバー網の現地見学、研究所の訪問見学等の機会を得た。さらに、ウィーンでのテレコムの国際会議に招聘されるなどの機会を与えられたほか、接続料金に関する米国電気通信事業における長期増分コスト算定を巡るW・D・Cへの調査を行った。

　しかし、その当時の技術革新の速度は極めて速く、有線、無線ともその制度は最新のものであると教えられても、その障壁、限界が技術進歩により、直ちに乗り越えられるという体験を繰り返した。それでは、論文内容はすぐに陳腐化するのであって、政策提言は難しく、論文執筆の価値は乏しくなる。

　著作権分科会委員を務めた際にも、放送分野を中心に、コンテンツの流通についての著作権法改正に取り組んだが、同一の観点からのこの問題の難しさを

再認識した。

　ともあれ、電力、デジタルとも共通であるが、目に見えないものを正確に理解することは難しいというのが単純な実感である。

　（ウ）　電力分野　　電力自由化に伴いその実務を担当する、電力広域的運営推進機関について、設置時である 2015 年 4 月から現在まで評議員を務めてきた。

　発電所、変電所の見学や丁寧な事前レクを通じて、電力事業の実態や最先端の政策課題について学ぶことができた。電力については現在までのところ貯蔵、蓄電できないという特質がある。

　競争法との関係で、電気通信では光ファイバー網への公正な接続条件、接続料金の在り方が最大の論点であったが、電力分野では電力自由化に伴う送配電網の整備と法的分離やそこへの接続条件のみならず、原子力発電の取扱い、太陽光、風力などの再生エネルギーの取扱いなどの電源問題が絡むため政策判断は極めて難しい。

　経済環境の変化や技術革新が進むなかで、それまではエリアごとの独占が認められており東京電力を中心にした一般電力事業者による裁量で運営されていた電力業界を、東電福島事故を受けた後、資源エネルギー庁、電力広域的運営推進機関を中心としたルールに基づく運営に切り替えることが課題であった。送配電設備の建設・コスト負担、需給調整市場・容量市場の運営・創設、インバランス料金の算定方法などというように、実務的に重要な問題が続出した。

　経済法制の専門家としては、改めて政策提言の困難さを実感することになった。

　（エ）　デジタル分野　　2018 年ころから GAFA（グーグル、アップル、フェイスブック、アマゾン）対策が国際的に競争法の課題となっていた。当然のことながら私にとっても重要かつ面白いテーマとなった。

　2019 年には、デジタル経済への対応として、競争法・独占禁止法、個人情報法保護法、電気通信事業法、デジタル課税、消費者法などを網羅したプロジェクトまで企画した。この企画は、2021 年には、透明化法、通信規格の 5G 採用による DX の推進など、テーマが拡散したため、中断するに至った。

　最大の原因は、インターネットやデジタル技術について自分がどれほど深く

理解しているか確信が持てないところにある。

Ⅲ　本書およびこれまでの執筆活動等に関する参考文献

1　著書の刊行──単行本

『独占禁止法の新たな地平Ⅱ』後に刊行した単行本は下記のとおりである。

『条解独占禁止法〔第2版〕』（弘文堂・2022年2月）村上政博〔編集代表〕、石田英遠・川合弘造・渡邉惠理子・伊藤憲二〔編集委員〕

『独占禁止法〔第10版〕』（弘文堂・2022年11月）

『独占禁止法の実務手続』（中央経済社・2023年6月）村上政博・矢吹公敏・多田敏明・向宜明〔編〕

　いずれの単行本も2019年改正後における独占禁止法の動きを解説している。さらに、次の改正課題にも触れている。

　『独占禁止法』については、『独占禁止法〔第2版〕』までが行為類型ごとの判例法が確立する以前のものである。2007年頃に行為類型ごとに判例法でルールを解説できるようになったという意味において判例法が確立した。『独占禁止法〔第3版〕』からは判例法の展開を追うとともに、『独占禁止法〔第8版〕』まで旧基本体系から新基本体系への移行過程の動きを解説している。『独占禁止法〔第9版〕』以降基本的に新基本体系に基づき解説している。

2　執筆論文

『独占禁止法の新たな地平Ⅱ』後に執筆した論文は下記のとおりである。

（1）　国際商事法務連載「独占禁止法の新潮流」

第20回「コーンスターチ（段ボール用でん粉）価格協定事件審判審決（令和元年10月2日）㊤」49巻1号53頁

第21回「山陽マルナカ事件東京高裁判決（令和2年12月11日）」49巻2号189頁

第22回「コーンスターチ（段ボール用でん粉）価格協定事件審判審決（令和元年10月2日）㊥」49巻3号341頁

第23回「コーンスターチ（段ボール用でん粉）価格協定事件審判審決（令

和元年 9 月 30 日）（下）」49 巻 4 号 487 頁

第 24 回「シャッター価格協定事件審判審決（令和 2 年 8 月 31 日）」49 巻 5 号 617 頁

第 25 回「段ボール製品価格協定事件審判審決（令和 3 年 2 月 8 日）」49 巻 6 号 733 頁

第 26 回「不当な取引制限における意思の連絡」49 巻 7 号 861 頁

第 27 回「カルテル規制における合意と意思の連絡」49 巻 8 号 992 頁

第 28 回「マイナミ空港サービス事件排除措置命令（令和 2 年 7 月 7 日）」49 巻 9 号 1127 頁

第 29 回「排除型私的独占の要件とその解釈」49 巻 10 号 1256 頁

第 30 回「不当な取引制限における意思の連絡に関する歴史的考察および比較法的考察」49 巻 11 号 1383 頁

第 31 回「不当な取引制限の行為要件と判例法の展開」49 巻 12 号 1513 頁

第 32 回「優越的地位の濫用に関する基礎理論と比較法的考察」50 巻 1 号 31 頁

第 33 回「優越的地位の濫用規制の歴史的考察」50 巻 2 号 155 頁

第 34 回「優越的地位の濫用と民事上の規制（上）」50 巻 3 号 282 頁

第 35 回「優越的地位の濫用と民事上の規制（下）」50 巻 4 号 412 頁

第 36 回「優越的地位の濫用と行政上の規制（上）」50 巻 5 号 546 頁

第 37 回「優越的地位の濫用と行政上の規制（下）」50 巻 6 号 680 頁

第 38 回「国際標準の企業結合法制へ」50 巻 7 号 836 頁

第 39 回「確約手続の意義と現行法運用の問題点」50 巻 8 号 987 頁

番外 「マイナミ空港サービス事件東京地裁判決（令和 4 年 2 月 10 日）」50 巻 9 号 1103 頁

第 40 回「独占禁止法の手続法の現状と課題」50 巻 9 号 1139 頁

第 41 回「行政制裁金制度の基本制度設計」50 巻 10 号 1308 頁

第 42 回「行政制裁金制度と二重処罰の禁止問題の解消」50 巻 11 号 1465 頁

第 43 回「農業協同組合および漁業協同組合の活動と独占禁止法」50 巻 12 号 1632 頁

第 44 回「不公正な取引方法の再構築——最後の改正課題」51 巻 1 号 49 頁

第 45 回「自由競争減殺型の不公正な取引方法廃止後におけるガイドライン再編成」51 巻 2 号 193 頁

第 46 回「公取委による過去 5 年間の法執行の問題点」51 巻 3 号 345 頁

第 47 回「国際商事仲裁と競争法・独占禁止法」51 巻 4 号 501 頁

第 48 回「次の独占禁止法改正と関連する諸問題──支配型私的独占の位置づけ等」51 巻 5 号 657 頁

番外　「食べログ事件東京地裁判決（令和 4 年 6 月 16 日）」51 巻 5 号 605 頁

第 49 回「価格協定と入札談合に係る同一ルール──令和元年改正後におけるカルテル規制」51 巻 6 号 810 頁

第 50 回「リコー事件東京高裁判決──技術タインに係る抱き合わせとの正当化事由」51 巻 7 号 950 頁

第 51 回「排除措置の係る長期的課題」51 巻 8 号 1082 頁

第 52 回「不公正な取引方法の禁止の歴史と課題」51 巻 9 号

第 53 回「独占禁止法の主要ガイドラインの改訂方針とあるべき内容㊤」51 巻 10 号

第 54 回「独占禁止法の主要ガイドラインの改訂方針とあるべき内容㊦」51 巻 11 号

この連載では、次第に主要論点が限られてきたこともあって、その狙いが明確になっている。2021 年公表論文では排除型私的独占と不当な取引制限の要件論が中心である。特にそのうち 7 本は合意と意思の連絡に関連する不当な取引制限の相互拘束の解釈を論じている。

2022 年前半公表の 6 本は優越的地位の濫用規制の基本的性格について民事上の規制と位置付ける立場で解説している。2022 年後半以降の 8 本は次の改正課題である、すなわち、国際標準の競争法制に向けての最後改正課題である行政制裁金制度の導入および不公正な取引方法の再構築について解説している。

（2）　NBL 掲載論文　これら 2 論文は国際商事法務論文の要約版に当たる。

「独占禁止法と国際ルールへの道──カルテル規制における合意と意思の連絡」NBL1195 号 52 頁参照。

「独占禁止法と国際ルールへの道──民事上の規制としての優越的地位の濫

用規制」NBL1220 号 37 頁参照。

3　参考文献・参考論文一覧

　私は、本章のように、職業生活、社会的活動についても適宜取りまとめてきたが、その成果は以下のとおりである。

　『弁護士・役人・学者の仕事——体験的比較職業論』（弘文堂・1997 年）は、弁護士生活を 8 年間、役人生活を 7 年間、学者生活を 7 年間経た 1997 年 3 月時点で取りまとめたものである。今日では、どの職業も著しく変化している。

　『独占禁止法の新展開』は還暦記念論文集、『国際標準の競争法へ——独占禁止法の最前線』は退官記念論文集であり、『独占禁止法の新たな地平——国際標準の競争法制へ』は古稀記念論文集である。

　個人的な活動は、独占禁止法改革への取り組みを含める形での研究活動と、社会的活動とに大別される。研究活動として、国際標準の競争法制の確立のためには、立法政策による法改正と解釈論による新基本体系の確立がいわば車の両輪となる。

　『独占禁止法の新展開』（判例タイムズ社・2011 年）の「終章 30 年間を振り返って——あとがきに代えて」は、学者としての研究活動について、1990 年から 2006 年までの時期のものを中心にまとめている。

　『国際標準の競争法へ——独占禁止法の最前線』（弘文堂・2013 年）の「終章 社会的活動——もう 1 つのあとがき」は、一橋大学退官時までの審議会活動などの最盛期の社会的活動についてまとめている。

　『独占禁止法の新たな地平——国際標準の競争法制へ』（弘文堂・2019 年）の「第 1 章 国際標準の競争法制へ」において独占禁止法の動向を追いながら総括的に研究活動をまとめている。「第 8 章『独占禁止法』の版を重ねて」は、主著である『独占禁止法』の内容の変遷を追うが、第 8 版までは旧基本体系から新基本体系への移行期であることが理解できる。「第 9 章 一橋大学退官から 70 歳まで」は、一橋大学退官時である 63 歳から 70 歳までの研究活動および社会的活動を取りまとめている。「第 10 章 もう 1 つのライフワーク——法律の高度専門職業人の養成」は、競争法研究とならぶもう 1 つの学者としてのライフワークである法律の高度専門職業人の養成の取組みを紹介している。

　竹島一彦・上杉秋則・松山隆英・村上政博『回想　独占禁止法改正——平成17年・21年・25年改正をたどる』（商事法務・2016年）の「第5章　今回の作業を終えて」〔村上政博〕「第2節　改正作業への個人的な関与」（228～235頁）において、2005年改正から2015年行政審判の廃止までの、独占禁止法学者としての最盛期における活動をとりまとめている。その当時は、関係者への直接説明など個人的に積極的な働きかけを行ったが、今後の改正作業ではそこまで直接的に関与することは期待できない。

あとがき

　本書で、独占禁止法研究者としての仕事がようやくこれで一段落したというのが実感である。最後の改正課題である行政制裁金制度の導入と不公正な取引方法の再構築の具体的制度設計を書きこんだ。「国際標準の競争法へ」、「国際標準の競争法制へ」を目標として、行ってきた法改正作業、論文執筆作業もこれで一区切りとなる。独占禁止法については長い歴史を有するため、新興国において包括競争法を制定するのとは異なり、2005年改正前の旧基本体系を新基本体系に変えるために順次ここまで改正作業が必要となる。

　社会科学である法律学という学問において何十年も先の目標を設定してそれを法改正により実現することは容易なことではないが、どうやらそれに成功しつつある。

　3条違反に対する行政制裁金制度の創設は、すでに独占禁止法研究会報告書でも今後の課題として明記されており、これから先は公取委の仕事となっている*1。

　私にとってこれから先の最大の仕事は、公取委に、不公正な取引方法の再構築、解体を受け入れてもらうことにある。

　本書で提言した行政制裁金制度の導入については、今日では反対する抵抗勢力も少なくなっており、過去の国会等答弁との整合性などから内閣法制局の反対が見込まれる程度である。現実には、立法政策であるため、多岐にわたる選択肢も検討対象となる。例えばカルテル以外の3条違反行為という行政制裁金の対象行為の基本算定率について、著しく重大な違反は6％、重大な違反は4％、軽微な違反は2％と規定し、さらに特別の事情のある場合に課さないと

＊1　独占禁止法研究会報告書（2017年）は「新たな課徴金制度でも違反行為の効果的な抑止が困難になった場合には、諸外国の標準的な制裁金等の制度も参考としつつ、課徴金制度を見直すことが適用と考えられる。その際には、①独占禁止法違反行為の全てを課徴金制度の対象とすること、②課徴金の具体的な算定・賦課を公正取引委員会の裁量に委ねる範囲を拡大すること、③企業グループ単位で法適用する等を含め、本研究会において指摘された事項について、改めて検討されることが望まれる。」としている。共同行為規制および単独行為規制とも現行課徴金制度が違反抑止のために不十分であることは自明である。

いう裁量権をもつ旨規定できると実務上は行政制裁金制度を導入したのと大差なくなる。しかも、確約手続の導入によって、確約計画の認定による事件処理によりカルテル以外の３条違反行為について課徴金納付を命じずに競争状態回復のための措置をとらせることがすでに可能となっている*2。すなわち、排除型私的独占に該当する行為を中心にカルテル以外の３条違反行為について課徴金制度を的確に行使するためには公取委が事案によって課徴金を課さないという裁量権をもつことが不可欠であると評価されてきたが、今日では確約手続の導入により課徴金納付を命じずに相手方に一定の行為を取らせること自体は可能となっている。

　今日公取委が自由競争減殺型の不公正な取引方法を廃止する旨政策決定すると、それに強く反対する勢力は存在しないと予想される*3。裁量型課徴金制

---

*2　確約事例のうち、令和４（2022）年５月19日株式会社一蘭に対する件は、同社が販売する即席めん等についての再販売価格を拘束する行為であっても、垂直的価格制限が仮に義務的賦課課徴金の対象行為となる場合でも、課徴金納付を命じずに、課徴金納付を命じずに確約計画による是正措置をとらせるのと同一効果をもたらす。このような取扱いは、現行課徴金制度の欠陥を是正するため緊急避難的な取扱いとして許容されるとしても、行政制裁金制度の導入後は、排除措置を命じ、課徴金納付までは命じない違反行為を広範に認めていくことが本筋である。

*3　私がこれまでに実現した法改正のうちで最も抵抗が強かったのが行政審判の廃止である。
　　行政審判の廃止は行政制裁金制度導入に関して最大の障害を取り除く法改正であるだけでなく、行政審判自体が欠陥の多い制度で、国際的にもほぼみられない制度であった。
　　事前行政審判に戻せとした独占禁止法基本問題懇談会報告書（平成19（2007）年６月）の結論は、平成21（2009）年６月３日成立改正法の衆議院および参議院の付帯決議が「審判手続に規定については、検討の結果として、現行の審判制度を現状のまま存続することや、平成17年改正以前の事前審判制度へ戻すことのないよう、審判制度の抜本的な制度変更を行うこと」としたことで、覆った。しかし、行政審判廃止後の行政手続の制度設計については、平成21（2009）年８月の総選挙で民主党が大勝し、平成22（2010）年３月に改正法案が国会に提出されるまで様々な議論が続いた。村上政博『独占禁止法の新展開』（判例タイムズ社・2011年）288頁、415頁、430頁参照。この間、行政審判を維持すべき旨の主張が、公取委OB、現役幹部、経済法学会有志などからなされた。
　　行政審判の廃止は、現実にきわめて大きな成果をもたらした。行政審判が存在するままでは、裁量型課徴金、行政制裁金の創設は法制的に不可能であった。現に、公取委が裁量型課徴金の導入に積極的な方向に方針転換したのは、行政審判を廃止する旨の改正法が平成25（2013）年に成立した直後の平成26（2014）年であった。また、公取委は行政審判が現実に平成27（2015）年に廃止されるのを待って、平成28（2016）年２月に裁量型課徴金を導入する独占禁止法研究会を設置した。
　　また、平成26（2014）年12月の独占禁止法手続についての懇談会報告書も、裁量型課徴金制度の実現と抜本的な防御権の保障を見合いにしにしたにとどまらず、双方の実現を長期的な目標としたものと評価される。
　　不公正な取引方法の再構築・解体については、関係当局や関係者をみても今日ではそれほど強い抵抗勢力は存在しない。

度の導入については法令審査において内閣法制局や法務省との調整を最初から覚悟せざるを得ないのと比べて、『独占禁止法〔新版〕』（岩波新書・2017年）において、不公正な取引方法の日本固有の規制への純化について「その時点では簡単な法改正となろう」と書いた理由である。

　もっとも、国際標準の競争法制・競争法体系については、米国反トラスト法やEU競争法だけでなく、欧州連合加盟国の競争法でも（ドイツ競争法、フランス競争法はもちろん、欧州連合を離脱した英国競争法でも）採用されている。さらに、アジアでも、中国競争法、インド競争法を始め、東南アジア各国の競争法で採用されている。競争法における行政制裁金制度についても、欧州大陸諸国、アジア諸国、中南米諸国などすべての大陸法系の諸国で採用されている制度である。理系の学問や経済学であればとっくの昔に正しいと認められる理論である。

　また、私個人にとっては、長年の懸案である法解釈や判例変更の最終課題についても本書で書き終えたことが、大きな成果となる。単独行為規制の基本禁止規定とするために排除型私的独占の排除行為と一定の取引分野における競争の実質的制限の定義を変更すること、カルテル規制において不当な取引制限の相互拘束について、協定の締結による合意の成立と、協定の締結の段階にまで至らない協調行動に対する意思の連絡の形成を峻別することである。東芝ケミカル事件東京高裁判決（平成7（1995）年9月25日）、東日本電信電話会社事件最高裁判決（平成22（2010）年12月17日）の両判決は、第7章で解説したようにそれを読んだ瞬間に誤りであると理解できるものであるが、ここまで来るのに東芝ケミカル事件東京高裁判決に関し30年近く、東日本電信電話会社事件最高裁判決に関し25年近くを要したことになる。

　優越的地位の濫用規制の日本固有の規制であるという位置付けについても、現状まで到達するまで20年間を要したことになる。

　一橋大学退官記念論文集の『国際標準の競争法へ』を執筆時（2012年）には、垂直的制限を不当な取引制限により規制すること等を含め、判例法の変更や展開や進んでいないことが悩みの種であった。本書第7章の解説を読んでもらうと、ここ3年ほどで法解釈上の課題に関しても大きな進展があったことを理解してもらえると思う。法改正と法解釈・判例変更では、法改正の方がより重要であり、次回法改正が実現すると法解釈・判例法の問題点もほぼ解決する。

事項索引

村上政博（むらかみ・まさひろ）

経　歴　1949年北海道生まれ。1972年東京大学法学部卒業。
　　　　1975年司法修習（27期）の修習終了。
　　　　弁護士（1975〜1983年）、公正取引委員会事務局室長等（1983〜1990年）、横浜国立大学教授（1990〜2002年）、一橋大学教授（2002〜2013年）、成蹊大学客員教授（2013〜2021年）等を経て2021年から現職。
現　在　一橋大学名誉教授、昭和女子大学客員教授、弁護士・ニューヨーク州弁護士。
主　著　『アメリカ独占禁止法—シカゴ学派の勝利』（有斐閣・1987）
　　　　『特許・ライセンスの日米比較』（弘文堂・1990、［第2版］1998、［第3版］2000、［第4版］2004）
　　　　『独占禁止法の日米比較［上］［中］［下］』（弘文堂・1991、1992）
　　　　『EC競争法［EC独占禁止法］』（弘文堂・1995、［第2版］2001）
　　　　『独占禁止法』（弘文堂・1996、［第2版］2000、［第3版］2010、［第4版］2011、［第5版］2012、［第6版］2014、［第7版］2016、［第8版］2017、［第9版］2020、［第10版］2022）
　　　　『独占禁止法研究』（弘文堂・1997）、『独占禁止法研究II』（弘文堂・1999）、『独占禁止法研究III』（弘文堂・2000）
　　　　『アメリカ独占禁止法』（弘文堂・1999、［第2版］2002）
　　　　『独占禁止法と差止・損害賠償』（商事法務研究会・2001、［第2版］2005）
　　　　『独占禁止法』（岩波新書・2005、［新版］2017）
　　　　『独占禁止法における判審決分析の役割』（商事法務・2009）
　　　　『独占禁止法の新展開』（判例タイムズ社・2011）
　　　　『国際標準の競争法へ—独占禁止法の最前線』（弘文堂・2013）
　　　　『独占禁止法の新たな地平—国際標準の競争法制へ』（弘文堂・2019）
　　　　『独占禁止法の新たな地平II—国際標準の競争法制へ』（弘文堂・2020）

独占禁止法の新たな地平III──国際標準の競争法制へ

2023（令和5）年10月30日　初版1刷発行

著　者　村上　政博
発行者　鯉渕　友南
発行所　株式会社　弘文堂　　101-0062 東京都千代田区神田駿河台1の7
　　　　　　　　　　　　　　TEL 03(3294)4801　振替 00120-6-53909
　　　　　　　　　　　　　　https://www.koubundou.co.jp
装　丁　後藤トシノブ
印　刷　三陽社
製　本　牧製本印刷

ISBN 978-4-335-35958-3